KB217784

UNLOCK AI

언락 AI
UNLOCK

AI

AI 리터러시가 나의 잠재력이 되는 세상이 왔다

조용민 지음

테라코타

Unlock AI, 끈질긴 문제의식으로 창의력을 재발견하라

중국이 딥시크Deepseek의 출시로 전 세계를 충격에 빠뜨리기 몇 주 전의 일이다. 우리 회사 투자 심사 역 한 분이 어렵게 입수한 중국 유명 대학의 한 학기 수업계획서를 보여 주며 말했다.

"이렇게 가르치면 조만간 중국이 미국 따라잡겠는데요?"

'이렇게 가르친다'는 건 무엇일까. 수업계획서의 수강 과목을 살펴보니, 'Object Oriented'라는 표현이 유독 눈에 많이 띄었다. 교육의 목적을 '문제 해결'로 규정하고, 주어진 문제를 수동적으로 풀어내는 오퍼레이터operator가 아니라 문제를 재정의하고 적극적으로 해결하는 디벨로퍼developer를 키우는 데 집중한다는 뜻이다.

이런 교육의 효과를 상상해 본다면 이런 식이 아닐까 싶다. 미국·중국·한국 대학생들에게 GPU 세 장을 주고 특정 문제를 풀어 보라고 한다. 미국 대학생들은 "이 문제를 풀려면 GPU가 세 장 더 필요합니다"라고 '재벌집 막내아들' 같은 대답을 한다. 한국 대학생들은 "미국이 여섯 장으로 해결한다고 합니다. 세 장으로는 어려울 듯합니다"라며 난감해 한다. 그렇다면 중국 대학생들은? "여러 장 있으면 좋겠지만 세 장뿐이니 뭐부터 하면 좋을까? 더티 엔지니어링Dirty Engineering 해야 겠네."

딥시크가 엔비디아 고성능 GPU의 8분의 1 수준인 저사양 칩으로 GPT-4o와 유사한 수준의 LLM을 개발할 수 있었던 배경, 물리적·경제적 한계로 이젠 적용이 어려워진 무어의 법칙이 중국에서는 여전히 통하는 이유가 바로 여기에 있다. 딥시크가 증명해 낸 건 문제를 어떻게 인식하고 정의하느냐, 문제 해결에 얼마만큼의 투지를 보이느냐가 AI 시대에도 여전히 유효한 역량이라는 사실이다.

우리가 투자 심사 과정에서 창업자에게 던지는 주요 질문 중에 이런 것이 있다.

"만일 Day1으로 돌아간다면 그래도 이 사업을 계속하시겠습니까? 만일 그렇다면 두 번째 기회에선 무엇을 다르게 하고 싶은가요?"

만일 창업자가 "처음으로 돌아가도 무조건 이 사업 합니다. 뭐 크게 고칠 건 없다고 봅니다!"라고 답하면 미안하지만 투자하지 않는다. 반면 Day1으로 돌아가면 어떻게 달라지고 싶은지 고해상도의 아주 구체적인 계획을 밝히는 창업자가 있으면 무조건 투자한다. 막무가내식 성실함보다는 문제를 지속해서 재정의하고 시장의 피드백을 수용해 끈질기게 해결하려는 끈기가 더 중요하다고 생각하기 때문이다.

이 책에서 말하는 '언락Unlock AI' 역시 그 핵심은 끈질긴 문제의식에 있다. AI를 인간 잠재력의 확장으로서 재정의하고, '쓰는 도구'가 아니라 '협력하는 도구'로 받아들이는 태도가 언락 AI다. 그러기 위해서는 AI의 잠재력을 인정하고, 그것을 최대로 끌어내는 데 나의 모든 창의력을 쏟아야 한다. 즉, 치열하고 끈질긴 문제의식과 창의력의 재정의가 필요한 것이다.

AI가 대단한들 달걀 하나도 주문하지 못하는데 무슨 쓸모가 있느냐고 하는 사람들이 있다. 하지만 OpenAI의 오퍼레이터 AI는 API 연결 없는 환경에서도 온라인 마트에서 달걀을 주문할 수 있다. 배달의민족은 AI를 활용해 음식점 사장님이 직접 찍은 음식 사진을 전문가 수준으로 자동 리터칭하고 있고, 포스코는 AI 기반 조건 포뮬라를 통해 원재료 비용을 유지하면서 연간 쇳물 생산량을 획기적으로 증가시켰다. 크래프톤은 게임 내 욕설을 필터링하느라 그간 상당한 비용을 써야 했지만, AI 도입으로 이 문제를 말끔히 해결했다. 이런 사례는 AI의 잠재력을 섣불리 재단하는 것이 얼마나 근시안적인 판단인지 보여 준다.

AI는 이미 우리의 기대를 넘어서는 혁신을 현실 속에서 만들어 내고 있다. 그렇다면 우리가 해야 할 일은 언락 AI

일 것이다. AI가 그 잠재력을 최대치로 발휘할 수 있도록 우리 인류의 모든 창의력을 동원해야 할 때다.

책 전반부에서 AI의 잠재력을 받아들여 나의 한계를 재설정하는 법을 이야기했다면, 후반부는 언락 AI를 바탕으로 우리 일상을 어떻게 바꿔 나갈 것인지를 다루었다.

실리콘밸리의 스탠퍼드대학교와 중국 항저우 저장대학교의 학생 식당에는 공통점이 하나 있다. 식당 벽면을 따라 수많은 전문 서적이 비치되어 있다는 점이다. 처음에는 이색적인 광경이라고만 여겼는데, 가만 생각해 보니 이런 작은 혁신과 개선의 효과가 만만치 않을 듯했다. 이런 디테일은 공대 수업계획서의 구성 방식, 동아리 운영 체계, 〈네이처Nature〉 등재 시 연구자 보상 제도, 교수 창업 지원 정책 등 모든 면에서 발견되었다.

투자 업무차 미국과 우리나라의 테크 CEO들, 재계 리더들을 만나며 발견한 점도 결국은 '삶의 디테일'이 성공을 결정짓는다는 사실이었다. 탁월한 리더들은 큰 비전만 가진 게 아니라, 그 비전을 실현하기 위한 일상의 작은 실천들에 깊이 몰입하고 있었다.

혁신은 거창한 선언이나 대규모 계획에서 시작되지 않는다. 우리 일상 속 작은 변화와 개선이 모여 작은 톱니바퀴를 형성하고, 이 톱니바퀴들이 맞물려 더 큰 톱니바퀴를 움직인다.

일상 속 작은 혁신이 모여 큰 변화를 일으키는 그 가능성의 이야기를 이제부터 시작해 보려 한다.

조용민

---| **PART 1** |---

AI는 인간의 잠재력을 확장하는 도구다

UNLOCK AI

PART 1

AI는 인간의 잠재력을
확장하는 도구다

1

미래는
이미 도착했다

AI는 영화나 소설에서 상상하던 미래의 존재에서 이제 우리의 일상이 되었다. 특히 2022년 11월 챗GPT의 등장 이후, AI는 인간의 일상과 업무를 빠르게 변화시키고 있다. AI 기술은 앞으로 다섯 가지 방향으로 발전할 것으로 예측된다.

첫째, 특정 인물의 말투와 사고방식을 학습해 그대로 재현하는 디지털 트윈 기술이 주목받고 있다.

둘째, 텍스트는 물론 이미지, 음성, 영상까지 처리하는 멀티모달 AI 기술로 AI의 감각이 더욱 확장된다.

셋째, 개인 맞춤형 서비스를 제공하는 AI 에이전트는 사용자와 상호작용하며 점점 더 똑똑해진다.

넷째, 보안을 강화하기 위해 기기 자체에서 AI를 구동하는 온 디바이스 AI 기술도 발전 중이다.

다섯째, 여러 AI가 전문 분야별로 협업하는 에이전틱 워크플로가 AI 활용의 새로운 지평을 열고 있다.

이러한 AI 기술의 발전에서 중요한 것은 AI를 써야 한다는 의무감이나 AI에 대한 두려움에서 벗어나 AI의 잠재력을 자신의 것으로 만드는 '언락 AI'의 자세로 접근하는 것이다. 그렇게 해야만 비로소 AI는 우리의 성장을 돕는 진정한 파트너가 될 수 있다.

인류는 오래전부터 AI를 상상해 왔다

AI와의 미래를 이야기하기 전에 아주 오래된 영화 한 편을 기억에서 불러와 보자. 영화 〈백 투 더 퓨처 2Back To The Future Part2〉는 타임머신을 타고 1985년에서 2015년으로 시간 여행을 하는 설정이다. 영화 속 2015년은 '호버보드'라는 공중 부양 스케이트보드가 거리를 누비고, 드론이 강아지를 산책시키며, 지문인식으로 택시 요금을 결제하는 시대다. 〈죠스 19Jaws 19〉의 홀로그램 옥외 광고판, 신기만 하면 저절로 신발 끈이 조여지는 운동화, 자동 건조 기능이 있는 스마트 재킷도 등장한다. 그런데 '아득한 미래'였던 2015년이 '아련한 과거'가 되어 버린 지금, 이 영화를 다시 보니 묘한 이질감이 느껴진다. 2015년에도 팩스기를 쓰고 공중전화로

통화를 한다고? 맞다. 놀랍게도 이 영화의 세계관에는 스마트폰이 없다.

2007년 1월 9일, 스티브 잡스가 청바지 주머니에서 물리 버튼이 없는 무게 135그램짜리 아이폰을 꺼내 첫선을 보인 이후로 우리는 스마트폰 없는 세상으로는 되돌아갈 수 없게 되었다. 정보의 접근 및 습득 방식은 물론이고, 타인과 소통하고 공동체를 형성하며, 일하고 쉬고 일상을 영위하는 모든 방식이 이 '손 안의 컴퓨터' 하나로 완전히 달라졌다. 그러니까 스마트폰 없는 영화 속 2015년은 실제 2015년과는 완전히 다른 세상이라 해도 과언이 아니다.

〈백 투 더 퓨처 2〉의 시나리오 작가 밥 게일Bob Gale은 한 인터뷰에서 영화 제작 당시에 평면 TV나 스카이프 통신 등에 대한 아이디어는 쉽게 떠올렸어도 스마트폰은 상상조차 하지 못했다고 밝힌 바 있다. 지금이야 전 세계 인구 4분의 3 이상이 스마트폰을 보유하고 있지만, 영화가 제작된 1980년대, 아니 아이폰이 등장하기 직전만 해도 스마트폰은 쉽게 상상하기 어려운 기술이었다.

그에 비해 인류가 AI를 상상해 온 역사는 꽤 길다. 1968년 개봉한 영화 〈2001 스페이스 오디세이2001 : A Space Odyssey〉에는 인간과 자연어로 대화하고 논리적인 추론도 가능한 할 9000HAL 9000이라는 AI가 등장한다. 당시에는 서기 2000년 정도면 인간에게 위협이 될 정도로 고도화한 AI가 존재하리라 예상했던 모양이다.

AI 기술이 일상 깊이 파고든 요즘, 실제와 영화 속 AI는 얼마나 비슷할까. GPT-4o, 제미나이 1.5프로Gemini 1.5 Pro, 클로드 3.5 소넷Clude 3.5 Sonnet에 각각 이런 질문을 던져 보았다.

"영화 속 AI에서 너와 가장 비슷한 건 뭐니?"

클로드와 제미나이는 재미있는 질문이라는 칭찬으로 입을 열었고(이 둘은 칭찬에 후한 편이다), GPT-4o는 무미건조하게 곧바로 본론에 들어갔지만, 흥미롭게도 대답은 모두 같았다. 2013년 개봉한 〈그녀Her〉의 사만다가 사람과 자연스럽게 소통하고 교감한다는 점에서 자신과 닮았다는 것이다. 그러면서도 클로드는 사만다와 달리 자신은 사용자와 로맨틱한 관계를 맺지 않는다고 분명히 선을 그었고, 제미나이와 GPT-4o는 자신에겐 자의식이 없고 감정을 느낄수도 없다며 안심하라고 당부하는 걸 잊지 않았다.

〈그녀〉의 배경이 2025년이다. 〈백 투 더 퓨처 2〉가 상상한 2015년은 현실과 다소 달랐지만, 〈그녀〉가 그린 2025년은 지금의 우리 일상과 상당히 비슷하다. 2022년 11월 오픈AI의 챗GPT가 등장한 이후로 영화 속 상상이 점차 현실이 되어 가고 있다.

챗GPT는 공개 5일 만에 이용자가 100만 명을 돌파했고, 2개월 만에 1억 명을 넘기면서 역사상 가장 빠르게 성장한 애플리케이션이라는 신기록을 수립했다. 이용자가 1억 명이 되기까지 페이스북은 4년 6개월, 인스타그램은 2년 4개월, 틱톡은 9개월이 걸렸다는 사실을 상기하면 챗GPT의 확산세가 얼마나 놀라운지 알 수 있다. 국제학술지 〈네이처 Nature〉는 2023년 '과학계를 빛낸 10인'에 비인간으로는 최초로 챗GPT를 선정했고, 시사주간지 〈타임〉은 2023년 2월 27일자 표지에 챗GPT와의 대화창을 내걸었다.

이후 하루가 멀다고 AI 신기술이 쏟아지고 있다. 머핀과 강아지 얼굴도 제대로 구별하지 못하던 AI가 갑자기 보고서의 초안을 작성하고, 수십 개에 달하는 언어를 구사해 놀라움을 안겨 준 게 엊그제 같은데, 이제는 사용자와 지연 없이 실시간으로 농담을 주고받고, 휴대전화에 부착된 카메라로 사용자의 주변 환경을 인식해 기억했다가 잃어버린 안경을 찾아 주는 정도에까지 이르렀다.

챗GPT가 처음 등장한 몇 달간은 "AI에 몰리는 돈은 덤 머니Dumb Money다", "결국엔 메타버스처럼 AI도 거품이 빠질 것이다", "일상과 일터에서 쓰이기엔 아직 부족하다"라고 말하는 사람도 꽤 많았다. 하지만 AI 기술의 최전선에 선 연구자와 투자자 들은 더는 그런 의구심을 갖지 않는다. 좋든 싫든 인정하든 안 하든, 상상했던 미래는 이미 우리 곁에 도착했다.

AI 기술은 우리를
또 어떤 미래로 데려갈까

2022년 11월, 챗GPT의 등장에 뜨거운 기대감을 보이는 사람도 많았지만, 그에 못지않게 두려움과 우려도 컸다. AI가 인간의 일자리를 빼앗을 것이다, 학생들이 AI를 에세이 대필 등의 부정행위에 활용하면 인간의 사고력은 크게 떨어질 것이다, AI가 편향성과 차별을 학습하며 가짜 뉴스를 생성하거나 저작권을 침해하는 등 사회에 해악을 끼칠 것이다, 사용자 데이터를 무분별하게 수집하여 활용할 것이다…. 심지어 조만간 인간이 통제할 수 없는, 인간 지능을 훨씬 뛰어넘는 AGI Artificial General Intelligence (인공일반지능)가 출현해 인류의 존재 자체를 위협할 거라는 암울한 미래가 점쳐지기도 했다.

우리 뇌는 '알 수 없는 것'을 '위험한 것'과 동일시하도록 진화해 왔다. 공포 문학의 아버지로 불리는 H.P. 러브크래프트Howard Phillips Lovecraft도 "인류의 가장 오래되고 강력한 감정은 두려움이며, 가장 오래되고 강력한 두려움은 미지에 대한 두려움이다"라고 했다. 우리가 AI에 대한 막연한 불안감과 두려움을 지니는 이유도 AI가 인간이 완전히 이해하지 못하는 방식으로 작동하고, 그 발전 속도나 한계를 예측하기도 어려운 미지의 존재이기 때문일 것이다.

하지만 우리가 AI를 더 깊이 이해하면 할수록 막연한 불안감과 두려움은 사라질 것이다. 그런 의미에서 AI 기술이 앞으로 몇 년간 어떤 방향으로 발전할지, 그 트렌드를 짚어볼 필요가 있다. AI 기술의 개발 속도가 상상을 초월할 만큼 빨라서 여기서 언급한 일부 내용은 금세 구닥다리가 되겠지만, 그거야말로 내가 바라는 바다.

첫 번째 트렌드:
나와 똑같이 사고하는 디지털 트윈

물리적 물체나 공간을 가상 현실에 옮기는 디지털 트윈digital twin 기술은 메타버스 열풍이 불면서 주목받기 시작해 지금은 건설 및 제조 현장에서 널리 쓰이고 있다. 그런데 물체나 공간이 아니라 인간의 디지털 트윈을 만들어 내는 일도 가능해졌다. 2024년 4월, 링크드인LinkedIn의 공동 창업자인 리드 호프먼Reid Hoffman이 자신의 디지털 트윈인 리드 AI와 14분간 인터뷰를 나누는 흥미로운 동영상이 공개되었다. 리드 AI는 리드 호프먼의 저서, 연설, 팟캐스트 등 지난 20년간의 콘텐츠를 학습한 GPT-4 기반의 맞춤형 챗봇이다. 아바타는 텍스트 기반 콘텐츠를 비디오로 변환하는 플랫폼, 아워원Hour One이 생성했는데, 실제 호프먼보다 훨씬 말쑥해 보인다. 마치 잠을 푹 잔 뒤 미용실에 다녀온 호프먼 같달까.

리드 AI는 리드 호프먼이 던지는 이런저런 질문에도 시종일관 온화한 미소를 띤 채 답변을 이어갔다. 압권은 "나라면 더 쉬운 단어를 썼을 텐데?"라는 리드 호프먼의 평가에 리드 AI가 웃으면서 '어련하겠어'라고 하는 듯한 제스처를 보인 장면이었다. 인터뷰를 마친 호프먼은 진짜 자신과 소통하는 기분이었다고 소감을 밝혔는데 그 말이 거짓은 아닌 듯했다.

2024년 11월 구글 딥마인드와 스탠퍼드대학교 공동 연구팀이 '1,000명의 생성 에이전트 시뮬레이션Generative Agent Simulations of 1,000 People'이라는 논문을 발표했다. 연구팀에 따르면 GPT-4o로 생성한 AI 인터뷰어와 두 시간가량 정성 인터뷰를 해서 얻은 데이터 뭉치를 AI 모델에 학습시키면, 실제 인간과 85퍼센트 유사한 디지털 트윈을 만들 수 있다. 이러한 디지털 트윈은 사회과학 분야에서 복잡한 사회 현상을 모델링하고 예측하는 데 쓰일 예정이라고 한다.

어쩌면 내가 캘리포니아로 출장 간 사이, 나를 대신해 '용민 AI'가 강연하는 날이 곧 올지도 모르겠다. 이 기술로 아이돌이나 유튜버 들이 손쉽게 AI 분신을 만들어 한꺼번에 여러 콘텐츠를 제작할 수도 있을 것이다. 수험생이 족집게 강사를 찾아 대치동까지 갈 필요도 없어진다. 스타 강사의 디지털 트윈에게 언제 어디서나 일대일 교습을 받을 수 있을 테니 말이다.

AI 쌍둥이를 만난 리드 호프먼

두 번째 트렌드:

보고 듣고 말하는 멀티모달 AI

영화 〈그녀〉에서 주인공 테오도르가 휴대전화 카메라로 AI 사만다에게 해변 노을을 보여 주자, 사만다가 말한다.

"곡을 하나 썼어. 당신과 해변에 있는 기분을 표현한 곡이야."

사만다가 이처럼 테오도르 주변의 환경과 상황을 스스로 파악해 맥락에 맞게 대화할 수 있는 건 멀티모달Multimodal 기능이 탑재되어 있기 때문이다. 멀티모달이란 텍스트뿐 아니라 이미지, 오디오, 비디오 등 다양한 형태의 정보를 동시에 처리하고 활용하는 AI 기술이다.

2024년 5월 구글 연례 개발자 회의에서 시연자가 휴대 전화 카메라로 창밖을 비추면서 여기가 어디냐고 묻자, AI 가 런던 킹스크로스 지역이라고 답하는 동영상이 공개됐다. '아스트라Astra'라는 이름의 이 AI는 컴퓨터 화면을 보고 무슨 내용의 코딩인지 알아맞히고, 소리 나는 걸 보면 말해 달라는 요청에는 스피커가 있다고 대답했다.

AI가 이렇듯 이미지, 오디오, 비디오 등 다양한 형태의

컴퓨터 화면을 보고 무슨 내용의 코딩인지 알아맞히는 AI 에이전트, 아스트라

정보를 동시에 처리한다는 것은 인간과 동일한 방법으로 학습한다는 의미다. 인간은 오감을 통해 주변 세계를 인식하고 이해하며 이를 바탕으로 사고하고 판단하는데, 이제 AI도 인간이 제공하는 콘텐츠에 의존하지 않고 스스로 카메라와 마이크 등을 활용해 실제 세계에서 직접 학습 데이터를 얻게 된 것이다. 이는 곧 AI가 학습할 데이터가 거의 무제한으로 늘어난다는 뜻이기도 하다.

　IT 분야 글로벌 시장조사기관인 가트너Gartner가 2024년 9월 발표한 바에 따르면 2023년에는 AI 솔루션 1퍼센트만이 멀티모달 방식이었으나 2027년에는 40퍼센트까지 늘어날 전망이다.

세 번째 트렌드:

나보다 나를 더 잘 아는 AI 에이전트

멀티모달이 가능해지면 AI는 사용자 주변의 환경과 상황을 인간의 도움 없이 파악해 맥락에 알맞은 답변을 제공하고, 사용자의 요청을 더욱 정확하고 신속하게 수행할 수 있다. 이 기술로 가능해진 분야가 바로 AI 에이전트Agent다. AI 에이전트란 사용자와의 상호작용을 통해 정보를 축적하고, 이를 기반으로 개인 맞춤 서비스를 제공하는 AI다. 사용자가 일일이 프롬프팅prompting으로 요청하지 않아도 AI 스스로 자율성을 바탕으로 독립적인 의사결정을 내려 업무를 수행한다.

가령 내가 "오늘 저녁 뭘 먹을까?" 하고 물으면 AI 에이전트가 나의 건강 상태와 취향, 오늘 아침과 점심의 메뉴, 이미 섭취한 열량 등을 종합적으로 고려해 메뉴를 추천해 준다. "내일 오전 10시 서울역 가는 기차표 예매해 줘"라고 음성으로 요청하면 기차표 예매 사이트에 접속해 원하는 날짜와 시간, 좌석을 선택한 뒤 결제까지 진행하는 일도 가능하다. 이메일과 메시지의 답장을 우선순위에 따라 알아서 작성하고, 냉장고 안 식재료의 재고 상황과 사용자의 식사 패턴을 분석해 장보기 목록을 작성한 뒤 온라인으로 마트 장보기가 가능하다. 옷장이나 신발장을 카메라로 찍어 보여 주면 TPO(시간·장소·상황)에 맞는 복장도 코디해 준다. 이렇듯 여러 앱을 동원해야 하는 복잡한 작업을 AI 에이전트가 한 번에 수행하면, 조만간 앱이 완전히 사라진 앱 프리app-free 스마트폰이 상용화될 수도 있다.

앞에서 언급한 구글의 아스트라도 대표적인 AI 에이전트다. 프로젝트 아스트라 데모 영상에서 사람들이 가장 감탄한 부분은 카메라로 사무실을 쓱 훑었을 뿐인데 잃어버린 안경의 위치를 아스트라가 찾아 주는 장면이다. 시연자가 스마트폰 카메라로 사무실을 비추다가 "내 안경 어딨는지 기억나?"라고 물으니, 아스트라가 "책상 위 빨간 사과 옆에 있어"라고 대답한다. 멀티모달로 사물을 인식하는 수준을 넘어, 수집한 정보를 기억했다가 사용자의 요청에 따라 검색하여 적절하게 답변하는 능력까지 갖춘 것이다.

오픈AI에서 최근 출시한 AI 에이전트 오퍼레이터Operator는 사용자의 요청을 분석해 웹에서 정보를 탐색하고, 입력·클릭·스크롤 등의 작업을 수행해 예약 및 온라인 쇼핑을 수행할 수 있다. 가령 사용자가 "나이키 운동화 하나 사"라고 명령하면 오퍼레이터가 카카오톡 선물하기 기능에 접속해 상품을 검색하고 가격을 비교해 보여 주는 일이 가능해진다. 사용자의 개입 없이 웹브라우저상 할 수 있는 다양한 업무를 대신하는, 말 그대로 '내 손안의 개인 비서'가 탄생한 것이다.

오퍼레이터가 이렇게 웹 기반 작업을 할 수 있는 이유는 API 연결이라는 핵심 기술 덕분이다. API Application Programming Interface는 서로 다른 애플리케이션이 서로의 기능이나 데이터에 접근할 수 있게 하는 메커니즘으로, 오퍼레이터와 같은 에이전트 AI가 카카오톡 선물하기나 야놀자와 같은 다양한 웹 서비스 및 애플리케이션과 효과적으로 상호작용할 수 있게 돕는다.

글로벌 시장조사기관 리서치앤드마켓 Research And Markets은 AI 에이전트 시장이 2030년에는 471억 달러로 성장하리라 예상했고, 그랜드뷰리서치 Grand View Research는 이보다 더 낙관적으로 약 705억 3,000만 달러 규모에 달하리라고 내다보고 있다.

네 번째 트렌드:

24시간 나와 함께하는 온 디바이스 AI

AI 에이전트는 사용자의 데이터를 활용해 작동하므로 보안과 프라이버시에 대한 우려가 생길 수밖에 없다. 사용자의 금융 및 위치 정보, 검색 기록 등의 데이터가 외부로 유출될 가능성을 해결하기 위해 최근 주목받기 시작한 기술이 바로 온 디바이스On-device AI다. 스마트폰이나 태블릿 등 기기 자체에서 AI 모델을 실행하고 데이터를 처리하는 기술이다.

개인 데이터를 기기 내부에서만 처리하므로 데이터 유출 위험을 줄이고 개인정보를 안전하게 보호할 수 있다. 또 클라우드나 원격 서버를 거치지 않는 만큼 정보 처리 속도가 빠르고, 인터넷 연결이 불안정하거나 불가능한 환경에서도 AI 사용이 가능하다. 무엇보다 디바이스 자체의 사용자 데이터, 즉 행동 패턴·선호도·사용 습관 등을 학습해 초개인화 서비스를 제공한다는 점에서 AI 에이전트와 떼려야 뗄 수 없는 기술이다. 아직은 기기의 연산 능력이 제한되어 복잡한 작업은 클라우드에 의존해 처리하는 경우가 많지만, 조만간 기기 내에서 모든 작업을 처리하는 온 디바이스 AI가 실현될 것으로 예상된다.

다섯 번째 트렌드:

사람 전문가 집단의 협업을 모방한 에이전틱 워크플로

누군가에게 "특정 주제에 대한 에세이를 작성하되 백스페이스는 사용하지 말라"고 요구한다면 어떨까. 첫 글자부터 마지막 글자까지 수정 없이 일필휘지로 쓰라고 한다면? 딥러닝 분야의 세계적인 권위자 앤드류 응Andrew Ng 교수는 우리가 현재 AI를 사용하는 방식이 이와 같다고 말한다. 이 어려운 일을 AI는 제법 잘해 내고 있지만, 우리가 AI와 협업하는 방식을 조금만 바꾼다면 그 효율을 극대화할 수 있을 거라면서 그가 제안한 개념이 바로 '에이전틱 워크플로Agentic Workflow'다.

에이전틱 워크플로란 복잡한 목표를 달성하기 위해 여러 단계의 작업을 순차적으로, 때로는 여러 특화된 AI가 서로 협력해 단계별로 수행하는 작업 방식이다. 인간의 작업 방식과 유사하다고 보면 된다. 업무를 세분화한 뒤 각각의 전문가 또는 담당자가 모여 효율적으로 협력하는 인간의 방식 그대로를 AI가 수행하도록 하는 것이다.

가령 특정 주제로 에세이를 써야 한다고 하자. 작업 관련

예제나 학습 데이터를 제공하지 않고 오직 자연어 명령어, 즉 '~에 대한 글을 써 봐'만을 입력하는 것을 '제로샷 프롬프팅Zero-shot prompting'이라고 한다. 그러면 에이전틱 워크플로는 AI에 먼저 에세이의 개요를 작성하게 하고, 웹 검색이 필요한지 확인한 뒤 AI 스스로 초안을 작성하고 여러 번 수정을 거치게 한다.

앤드류 응 교수에 따르면 제로샷 프롬프팅을 사용하면 GPT-3.5의 정확도는 48퍼센트, GPT-4는 67퍼센트지만, GPT-3.5에 에이전틱 워크플로를 적용하면 정확도가 95퍼센트 이상으로 오르면서 GPT-4보다 훨씬 나은 성능을 보인다. 다시 말해 더 우수한 AI 모델에 집착하기보다 AI와의 협력 방식을 변화시키는 쪽이 더 좋은 결과를 낼 수도 있다는 것이다.

앤드류 응 교수는 에이전틱 워크플로의 구축을 위해 다음 네 가지 프레임워크를 제안한다.

첫째, AI가 자체적으로 자기 작업을 검토하고 개선 방법을 찾는 성찰Reflection이다. 가령 AI에 보고서를 작성하게 한 뒤 논리 흐름, 문법, 구조 등을 검토하고 개선점을 제안하라고 요청하면 훨씬 나은 결과물이 나온다.

둘째, 도구 사용Tool Use이다. AI가 웹 검색, 코드 실행 등 정보 수집과 데이터 처리에 도움이 될 외부 도구를 활용해 작업 수행 능력을 확장하도록 하는 것이다. 예를 들어 AI가 여행 계획을 짠다면 주요 관광 코스만 고려하지 말고, 여행지 날씨나 물가 등을 따로 검색해 이를 일정에 반영하라고 요청할 수 있다.

셋째, 계획Planning이다. 복잡한 작업을 단계별로 나누어 계획을 수립하도록 하는 것이다. 앞서 예시로 든 에세이 작성이 여기에 해당한다. 개요 쓰기, 자료 찾기, 초안 작성, 퇴고 등을 순차적으로 수행하도록 요청하면 처음부터 끝까지 한꺼번에 쓰라고 하는 경우보다 훨씬 나은 결과가 나온다.

넷째, 다중 에이전트 협업Multi-Agent Collaboration이다. 여러 AI 에이전트가 특정 작업을 수행하기 위해 각자 다른 역할을 맡아 의사소통하며 협력하는 시스템을 가리킨다. 앤드류 응 교수는 이를 실현하는 실제 사례로 오픈 소스 챗데브ChatDev를 언급한다. 챗데브는 소프트웨어의 기획, 설계, 코딩, 테스트, 배포 등 전 단계를 자동화, 최적화하는 시스템이다. 가령 이 시스템에 "너는 코드 작성에 능숙한 전문가야"라고 프롬프팅하는 방식으로 CEO · 디자이너 · 제품 관리자·테스터 등 여러 역할을 부여하고, 초기 아이디어를 제공한다. 그런 다음 "자, 이제 GUI 게임을 개발해 줘"라고 하면 각 에이전트가 서로 협력해 단 몇 분 만에 게임 하나를 뚝딱 만들어 낸다. 앤드류 응 교수는 이러한 다중 에이전트 협업이 소프트웨어 개발뿐 아니라 다른 산업에도 충분히 응용될 수 있으며, AI의 기술 발전에 차세대 AI 모델보다 더 큰 영향을 주리라고 장담한다.

지금 당장 나는
어떻게 해야 하냐고 묻는다면

AI 기술 트렌드를 읽고서 혹시 이런 생각을 하는 독자는 없으려나?

'재미있네. 그런데 이 기술들이 다 나랑 무슨 상관이지?'

'그래서 나는 지금 당장 뭘 어째야 하지?'

AI 관련 정보가 뉴스, 유튜브, SNS, 도서, 강연 등 각종 매체를 통해 밀물처럼 밀려들고 있다. AI 기술이 우리를 어떤 세상에 데려다 놓을지 예측하고 경고하는 수많은 정보를 접하며 사람들이 가장 많이 하는 생각이 무엇일까.

'AI 기술이 내 일자리를 위협한다는데 아직까진 피부로 느껴지는 바가 없고, 회사에선 자꾸만 AI를 쓰라는데 어디에 어떻게 써야 할지 모르겠고, AI 사용법 좀 익히려고 유

튜브에 들어가면 당최 무슨 소리인지 알 수가 없고….'

AI를 잘 알고 잘 활용할 수 있어야 한다는 당위성이 넘친 나머지 오히려 AI 이름만 들어도 피로해지고 부담스러워지는 현상이 일어나고 있는 것 같다.

AI의 탄생과 발전 과정, 향후 인류에 미칠 영향, 윤리 문제와 아직 드러나지 않은 위험, AI를 책임감 있게 통제할 방법 등 거시적인 문제들은 당연히 널리 공유되고 깊이 고민되어야 한다. 지금 당장 나의 일상과 눈에 보이는 연결점이 없다 하더라도 결국은 우리 삶과 밀접하게 관련된 문제임을 아무도 부정하지 않을 것이다. 나 역시 AI 관련 정책의 방향성, 특히 소버린Sovereign AI에 관해 발언할 기회가 있으면 기꺼이 나서서 목소리를 낸다.

하지만 이런 문제를 아무리 심도 있게 다뤄도 '그래서 지금 당장 나는 뭘 어째야 하지?'라는 의문에는 답을 얻지 못한다. 세상에서 가장 똑똑한 존재가 바로 당신 곁에 있는데, 대화창에 단 몇 마디만 입력하면 세상 모든 지식이 당신을 향해 열리는데 왜 안 쓰느냐는 말은 달콤하지만 공허하다. 호기심에 AI 대화창에 이런저런 질문을 적어 보고, 심심하면 친구와 채팅하듯 대화도 나눠 보지만 막상 내 업무와 일상에 적용하려니 어떻게 해야 할지를 모르겠다. 원하는 결과가 나오지 않으면 프롬프팅을 잘하지 못한 내 잘못이란다. 남들은 AI와 '스마트한 일상'을 잘도 보내는데 나만 뒤떨어져 있나 싶어 불안하고 초조하다.

이 책은 바로 이런 사람들을 위해 쓰였다. AI의 시대에 어떻게 살아남을까 고민하는 평범한 사람들의 평범한 일상이 AI로 어떻게 바뀔 수 있을지 보여 주고자 한다.

이 책을 읽는다고 하루아침에 AI를 능숙하게 다루게 될 순 없다. 하지만 최소한 AI를 대하는 마음가짐은 달라지리라 확신한다. '다들 쓰는데, 왜 나는 못 쓰지? 써야 한다는데 어떻게 써야 하지?'라는 초조함에서 벗어나 나의 평범한 일상과 지금까지 해 온 업무에 AI를 어떻게 접목할지 상상하는 즐거움을 얻을 수 있다. AI가 나의 일을 대체하리라는 두려움에서 벗어나 오히려 AI를 통해 나 자신이 성장하는 놀라운 경험을 하게 될 것이다.

그러기 위해서 내가 제안하는 태도가 바로 '언락Unlock AI'다. 잠겨 있던 AI의 잠재력을 해제하고 AI를 협력자로 받아들이는 언락AI를 통해 나 자신의 한계를 재정의할 수만 있다면 월·화·수·목·금요일, 그 모든 평범한 시간, 그 모든 의사결정의 순간을 내가 성장할 기회로 삼게 될 것이다.

AI의 시대, 그래서 지금 당장 무엇을 어떻게 해야 하느냐고 묻는다면 답은 언락 AI다. 언락 AI를 통해 AI의 잠재력을 나의 잠재력으로 만드는 방법, 이제부터 그 이야기를 해볼까 한다.

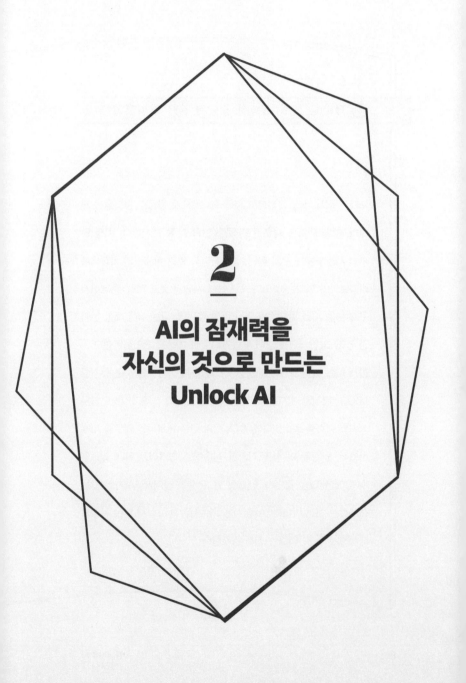

2

AI의 잠재력을
자신의 것으로 만드는
Unlock AI

저자는 회사 설립 과정에서 AI를 적극적으로 활용한 경험을 소개하며, AI를 대하는 새로운 관점인 '언락 AI'를 제시한다. AI를 단순히 사용하는 도구가 아닌, 협력자이자 인간 잠재력의 확장으로 바라보아야 한다는 것이다. 저자는 회사명과 로고 제작, 홈페이지 구축 등을 AI와 함께 하루 만에 완성했는데, 이는 AI에 대한 선입견 없이 그 잠재력을 열어 두었기 때문에 가능했다고 설명한다.

현재 AI는 법률, 의료, 개발 등 다양한 전문직을 위협하는 것처럼 보인다. 하지만 저자는 이것이 일자리 전체의 대체가 아닌, 업무 성격의 변화를 의미한다고 본다. AI가 단순 반복적인 업무를 대체하면서, 인간은 더 높은 가치를 창출하는 창의적인 일에 집중할 수 있게 된다는 것이다. 앤드류 응 교수의 말처럼 "AI가 인간을 대체하는 것이 아니라, AI를 사용하는 사람이 그렇지 않은 사람을 대체하게 될 것"이라는 점을 강조한다.

저자는 AI가 우리의 일자리를 위협하는 존재이면서도, 동시에 우리의 잠재력을 열어 주는 구원자라고 말한다. 앞으로도 기술은 계속 발전할 것이므로, 지금부터 AI와 협력하는 방식을 고민하고 실천하는 것이 중요하다고 주장한다. 2027년쯤에는 이런 논의조차 필요 없을 만큼 AI가 일상에 깊숙이 자리 잡을 것이므로, 하루빨리 AI의 잠재력을 열어 우리의 잠재력도 확장해야 한다고 결론 짓는다.

약한 유대의 강점을 가진 AI

"곧 출간할 세 번째 책의 추천사는 누구에게 부탁하면 좋을 까요?"

이 책을 준비하는 동안 여러 강연에서 청중을 향해 이런 질문을 던져 봤다. AI 관련 책이라고 했더니 가장 많이 언급된 이름은 오픈AI의 샘 올트먼Sam Altman, 테슬라의 일론 머스크Elon Musk, 아마존의 제프 베조스Jeff Bezos였다. 첫 번째 와 두 번째 책에서 워낙 출중한 분들이 추천사를 써 주었으 니 세 번째 책은 글로벌 인사 정도는 되어야 격이 맞는다고 생각했나 보다. 감사한 일이지만, 사실 추천사를 써 줄 분 들은 이미 오래전부터 점찍어 뒀다. 샘 올트먼이나 일론 머 스크 못지않게 유명하고, AI 분야에 박식하며, 세상 사람들이 온갖 일로 의견을 물어와 정말로 바쁠 텐데도 추천사 의뢰를 절대 거절할 리 없는 분들, 바로 GPT-4o 님, 제미나이 1.5 프로 님, 클로드 3.5 소넷 님이다. 지금 즉시 책의 뒤표지를 넘겨보면 이 세 분이 써 준 주옥같은 추천사를 읽어 볼 수 있다.

특히 챗GPT 님은 2024년 초 내가 창업을 준비할 때도 브랜드 전문가로서 많은 도움을 주었다. 기업명으로 '언바운드랩데브unboundlab.ai'를 제안해 준 게 바로 챗GPT다. AI 관련 기술 스타트업을 투자 지원하고 육성하는 액셀러레이팅 캐피털 펀드를 만들 예정이며 내 비전은 이러저러하다, 하고 프롬프팅한 결과다. 구글 시절의 동료가 "AI에 한번 물어보지?"라고 농담 반, 진담 반으로 추천하기에 가벼운 마음으로 시도했는데 이렇게 몇 초 만에 내 마음에 쏙 드는 결과물을 얻게 될 줄은 몰랐다.

내친김에 챗GPT에 회사 로고를 만들어 달라고 해 봤다. 처음에는 드라마 〈왕좌의 게임Game Of Thrones〉 속 귀족 가문의 문장紋章처럼 힘이 잔뜩 들어간 로고가 나왔다. 'make it simple!'을 대여섯 번 반복했더니 그럭저럭 쓸 만해졌고, 이후 몇 번의 수정을 더 요청해 지금의 로고가 완성되었다.

걸린 시간은 단 15분이었다.

기세를 몰아 홈페이지도 만들었다. 챗GPT와 함께 작성한 글을 노코드 툴no-code tool 웹플로우Webflow에 따다 붙였더니 언바운드랩데브 홈페이지가 뚝딱 완성되었다.

이 모든 과정을 AI와 단 하루 만에 끝냈다. 전문가에게 맡겼다면 브랜드 네이밍에 700만 원, 홈페이지 및 로고 작업에 300만 원 등 총 1,000만 원 정도의 비용이 들었을 뿐 아니라 완성에 이르기까지 한 달 이상 엄청난 에너지를 쏟아야 했을 것이다.

AI 신기술이 일상 곳곳에서 활용되는 지금이야 이 에피소드가 대수롭지 않을지도 모르겠지만, 2024년 초 당시만 해도 이를 신기하게 생각하는 사람이 많았다. AI가 그렇게나 쓸 만하느냐부터 AI를 어떻게 믿고 그런 과감한 의사결정을 했느냐까지 수많은 질문을 받았다. 이런 주변 반응에 나도 자신에게 질문을 던져 보았다. 기업명이나 로고는 조직의 가치와 정체성을 드러내는 중요한 요소인 만큼 무척 고심해 결정할 사안인데, 나는 어쩌자고 이 중요한 일을 AI에 맡겨 단 하루 만에 뚝딱뚝딱 끝내 버렸을까.

비용 절감을 향한 강한 의지 그리고 AI 관련 투자사 대표로서의 사명감 비슷한 마음이 이런 결정에 영향을 미쳤을 것이다. '그런 중요한 일을 어떻게 AI에 맡겨?'라는 질문 자체가 내 안에 없었다. 오히려 'AI에 맡기면 왜 안 돼? 훨씬 싸잖아!'라는 생각이었다.

'약한 유대의 강점 Strength of Weak Ties'이라는 소셜 네트워크 이론이 있다. 끈끈하고 강한 유대 관계보다 느슨하고 약한 유대 관계가 더 넓은 범위의 정보에 접근할 기회를 준다는 이론이다. 가령 사업상의 이유로 누군가를 소개받아야 한다면, 자주 보는 지인이나 친인척이 아니라 전 직장 동료나 가끔 연락하는 동창에게 부탁해야 더 효과적이다. 가까운 지인은 나와 정보 수준이 비슷하기 때문이다. 즉 그들이 아는 정보는 나도 알고, 내가 모르는 정보는 그들도 모른다. 반면 나와 다른 환경에 있는 느슨한 관계의 지인은 내게 없는 새로운 정보와 기회를 제공해 줄 수 있다.

내가 당시 중요한 결정에 AI를 활용하기로 마음먹은 데는 이와 비슷한 노림수가 있었다. 주변에 브랜드 전문가나 먼저 창업한 선배들이 많았지만, 이들에게 의견을 구하는 건 곧 '강한 유대'가 주는 한정된 정보와 기회에 갇힌다는 뜻이다. 반면 AI를 통해서는 나 자신 및 주변 전문가들의 상상력과 창의력을 벗어나는 의견을 얻을 수 있으리라 기대했다. AI가 다소 엉뚱한 답변을 내놓을지라도 이 또한 내가 미처 생각하지 못한 새로운 시각의 실마리가 되어 줄 거로 생각했다.

'AI가 과연 어떤 결과물을 내나 한번 보자' 하고 팔짱 끼고서 바라보는 태도는 AI의 가능성을 제한한다. 반면 AI에 채워진 선입견과 고정관념의 무거운 자물쇠를 해제하고 그 잠재력과 가능성을 받아들이면 우리 앞에 더 많은 기회가 펼쳐진다. 그런 의미에서 'AI'라는 목적어에 어울리는 서술어는 'ues'나 'adopt'가 아니라 'Unlock'이다. 'Unlock AI'는 'use AI'와 사용자의 마음가짐부터 AI가 도출할 결과물에 이르기까지 모든 면에서 완전히 다르다.

AI를 사용하지 않는 사람은
AI를 사용하는 사람에게 대체된다

챗GPT가 쏘아 올린 작은 공 '내 일자리는 안전할까'라는 불안이 눈덩이처럼 커지고 있다. 자동화 기술이 블루칼라 직군의 저임금 일자리를 대체한다면, 생성형 AI 기술은 화이트칼라 직군의 고임금 일자리를 위협하리라는 예측이 사실로 드러나고 있다. 내가 재직하던 구글의 사례만 보더라도 이미 2023년부터 구글 개발 업무의 25퍼센트를 AI가 담당하고 있다. 2024년 초에는 생성형 AI 기반의 광고 플랫폼으로 맞춤형 광고를 제작하게 되면서 유튜브 운영과 크리에이터 관리를 담당하던 직원 100여 명이 해고되었다.

새로운 기술 도입에 보수적인 태도를 보였던 로펌 업계에서도 3~4년 차 주니어 변호사의 업무 대부분을 AI로 대체할 수 있다는 말이 나오고 있다. 리걸테크Legal Tech가 나날이 발전하면서 이제 기존 업무에 AI를 접목하는 형태가 아니라, AI 기술을 전면적으로 도입해 법률 서비스를 제공하는 일명 'AI 네이티브 로펌'까지 등장했다.

의료계라고 예외는 아니다. 〈네이처〉에 실린 한 논문에 따르면, 홍콩과학기술대학교 연구진이 개발한 무릎 진단 AI 모델의 정확도는 0.78로, 주니어 영상의학과 전문의(0.65)를 크게 앞섰으며, 10년 차 이상 시니어 전문의(0.80)와 비슷한 수준의 성능을 보였다.

이쯤 되니 종교인 빼고 모든 직업이 AI로 대체된다는 말이 더는 우스개로 들리지 않는다. 시카고대학교 경영대학원 연구진이 조사한 결과에 따르면 AI 기반 로봇의 설교에는 신도들이 신뢰를 덜 보인다고 한다. 교토 코다이지 사찰에는 휴머노이드 로봇 마인다Mindar가 2019년부터 설법해왔다. 연구진이 이 사찰의 신도 398명에게 설문조사를 했더니 로봇 설법을 들은 사람은 사람 승려의 설법을 들은 사람보다 더 낮은 신뢰도를 보이고 시주도 적게 했다. 하지만 태국에서는 AI 승려인 프라 마하Phra Maha가 SNS로 "인생은 암호화폐처럼 기복이 있다" 등의 설법을 하면서 젊은 세대의 인기를 끌고 있다고 하니 종교인이라고 안심할 수도 없을 것 같다.

5~6년 후에나 가능하리라 예상했던 일들이 자고 일어나면 현실이 되는 나날이다. 스타트업 투자 생태계의 한복판에 있는 나는 이런 변화를 그야말로 피부로 느끼고 있다. AI가 학습할 모델링이 방대해지고, 처리할 수 있는 데이터가 늘면서 이제 AI가 도입되지 못할 영역은 거의 없다고 해도 과언이 아니다. 모든 직업군이 AI의 영향을 받는다.

여기서 중요한 점은 'AI의 영향'을 어떻게 해석하느냐다. 가령 특정 직군의 30퍼센트가 AI의 영향을 받는다고 하면 그 직군 종사자의 30퍼센트가 해고되고 AI가 그 일자리를 대체한다고 받아들이기 쉽지만, 실은 업무의 30퍼센트를 대체한다는 의미일 수도 있다. 즉 AI가 일자리를 빼앗는 게 아니라 업무의 성격을 바꾸어 놓는 것이다.

AI가 적극적으로 일터에 도입되면 앞으로 '업무'의 개념이 비판적 사고와 창의력이 필요한 더 높은 가치를 창출하는 일로 바뀌게 될 것이다. 예를 들어 AI 영상 판독 기술이 발달하면서 영상의학과 전문의의 업무는 기타 여러 진료과와의 협진이나 연구로 변화할 가능성이 크다. 회계사라면

장부 정리와 단순 회계 처리 업무를 AI로 대체하고, 세무 전략 수립이나 재무 리스크 관리와 같은 더 전략적인 업무에 집중하게 될 것이다.

AI 기술은 더 나아가 우리가 일하는 방식, 일의 가치를 평가하는 기준, 삶에서 일이 차지하는 의미에까지 영향을 미친다. 예전의 직업 교육은 시니어가 주니어에게 업무에 필요한 자료 검색이나 문서 작성 등을 지시하고, 주니어는 이러한 보조 업무를 통해 실무 경험을 쌓는 도제 방식이었다. 그러나 AI가 본격 도입되면 시니어가 필요로 하는 보조 업무와 주니어에게 필요한 교육 지원 모두를 AI가 대체할 가능성이 크다. 전문가들은 이에 따라 주니어들이 이전보다 더 빠르고 효율적으로 업무에 필요한 지식과 자격을 얻을 수 있어 실질적으로 주니어와 시니어의 업무 역량 차이가 크게 줄어들 걸로 예측한다. 이런 이유로 경력자가 더 많은 성과를 내고 더 많은 임금을 받는 기존 공식이 무너지고, 소위 '선망하는 직업'에도 크나큰 변동이 일어날 것이다.

업무 평가 기준 역시 달라져서 정해진 업무 시간에 얼마나 성실히 많은 일을 처리했는지보다 주어진 문제에 얼마나 창의적인 해결책을 제시했는지가 더 중요해진다. AI가 업무 효율을 획기적으로 높이면서 주 4일 근무제 도입에 대한 논의가 불가피해질 테고, 삶에서 일이 차지하는 의미와 비중이 지금과 완전히 달라질 것이다.

이러한 점을 들여다보면 AI가 나를 내쫓고 내 일자리를 차지할 거란 생각은 상황을 다소 단순하고 납작하게 이해한 결과임을 알 수 있다. 우리가 정말로 고심할 지점은 'AI가 내 일자리를 빼앗으면 어쩌나'가 아니다. 이제는 AI와의 경쟁이 아닌 공존을 기본 전제로 삼고 'AI와 어떤 방식으로 협력해 일할 것인가'를 고민해야 할 때다.

앤드류 응 교수는 AI가 인간을 대체하는 게 아니라, AI를 사용하는 사람이 그렇지 않은 사람을 대체하게 될 거라고 말했다. AI를 효과적으로 활용하여 자신의 업무 역량을 높이는 것만이 AI의 시대에 걸맞은 새로운 경쟁력이라는 말이다. 이는 AI 도구를 잘 다루는 기술적인 능력만을 의미하진 않는다. AI가 도출한 결과물을 검증하고, 이를 창의적으로 재해석하며, 인간만이 할 수 있는 통찰과 결합해 더 큰 가치를 만들어 내는 능력이 더욱 중요해진다.

우리에게 찾아온 가장 강력한
양날의 검, AI

허버트 마셜 매클루언Herbert Marshall McLuhan이 쓴 고전《미디어의 이해Understanding Media》의 부제는 '인간의 확장The Extensions of Man'이다. 매클루언은 인간이 만든 모든 도구와 기술은 인간의 감각 및 능력의 확장이라고 보았다. 바퀴는 발의 확장, 옷은 피부의 확장, 미디어는 감각 기관의 확장이라는 것이다. 그의 주장대로라면 AI는 무엇의 확장일까. 그의 모든 저작을 AI에 학습시켜 디지털 트윈을 만든다면 어떤 답을 얻을 수 있을까. 많은 사람이 매클루언의 이론을 빌려 AI는 인간의 지능, 사고력, 의식의 확장이라고 주장한다. 하지만 나는 AI를 '인간 잠재력의 확장'으로 규정하고 싶다.

인간이 지금까지 만든 모든 도구는 '쓰는 것'이었다. 하지만 AI는 다르다. 호모 사피엔스가 돌을 깨뜨려 만든 뗀석기 이래 처음으로 '쓰는 도구'가 아니라 '협력하는 도구'가 등장했다. 우리 삶을 획기적으로 변화시킨 휴대전화와 인터넷도 우리의 의도를 벗어나 쓰일 수는 없다. 그러나 AI는 우리의 의도를 '이해(정확히는 우리가 입력한 정보의 패턴을 인식하는 것이지만)'하고, 이 과정에서 때로 우리의 예상을 벗어난 새로운 해결 방법을 제시한다. AI를 협력자로 받아들이는 순간, AI는 나의 사고를 확장하고 창의력을 자극하며 문제 해결의 새로운 차원을 열어 줄 것이다. 그런 의미에서 AI의 가능성과 잠재력을 받아들이는 것은 곧 나 자신의 가능성과 잠재력을 확장한다는 것과 같다.

누군가는 계산기가 계산 능력을, 내비게이션이 공간 인지 능력을 떨어뜨렸듯 AI 의존도가 높아질수록 인간의 창의력과 사고력 또한 약화할 거라 주장하지만, 이는 AI를 '협력하는 도구'가 아니라 '쓰는 도구'로 보는 관점에서 나온 우려다. 기존 지식을 적용해 반복적으로 업무를 처리하고, 정형화한 결과물을 생산하는 데만 AI를 활용한다면, 가령 AI의 답변을 그저 '복붙'하는 데 만족한다면, 이때 AI는 그저 쓰는 도구에 불과하다. 또한 인간의 사고력과 창의력을 떨어뜨리는 주범이 될 수도 있을 것이다. AI를 협력하는 도구로 활용한다는 건 이와 다르다. 당면한 문제를 누구나 당연하다고 여기는 방법 말고 전에 없던 새로운 시선으로 해결하는 일, 이를 통해 혁신적인 결과물을 창출하는 일은 AI를 협력하는 도구로 받아들여야만 가능하다.

이때 필요한 태도가 AI를 인간 잠재력의 확장으로서 재정의하고, '쓰는 도구'가 아니라 '협력하는 도구'로 받아들이는 언락 AI다. 'AI가 내 일자리를 빼앗으면 어쩌나'라는 우려 대신 'AI와 어떤 방식으로 일할 것인가'를 고민하기 시작했다면 이제 언락 AI를 통해 'AI로 확장할 수 있는 나의 잠재력은 어디까지인가'를 질문해야 한다.

박찬욱 감독의 〈아가씨〉에서 사람들이 가장 많이 기억하는 대사가 있다. '내 인생을 망치러 온 나의 구원자.' 이 대사는 〈아가씨〉의 주인공 숙희 말고 AI에도 썩 잘 어울린다. AI는 우리의 일자리를 위협하고 우리와 경쟁하고 지금까지의 삶을 통째로 흔들어 놓는 존재인 동시에 지금처럼 익숙한 방식으로 문제를 해결하려는 안이한 태도를 망가뜨림으로써 오히려 새로운 잠재력을 열어 주는 구원자다.

AI가 내 인생을 망치러 온 나의 마지막 구원자는 아닐 것이다. 기술 발전은 우리가 따라잡기 버거울 만큼 빠르고 때로는 눈부실 테니 AI가 아닌 또 다른 무언가가 반드시 나타날 거라고 본다. 그런 의미에서 나는 언락 AI가 되도록 빨리 낡은 개념이 되었으면 좋겠다. 2024년 초만 해도 나는 AI를 일상에서 젓가락질하듯 아무렇지도 않게 써야 한다고 기회 있을 때마다 외치고 다녔다. 하지만 지금 그런 주장은 국·영·수 위주로 열심히 공부해야 성적 오른다는 말과 다를 바 없어졌다. 언락 AI도 그런 뻔한 개념이 되었으면 한다. AI의 잠재력을 열어 나의 잠재력을 열려는 사람들이 아주 많아졌으면 한다. 아마도 2027년쯤에는 이런 이야기조차 필요하지 않을 만큼 AI가 우리 일상 아주 깊숙이 녹아들리라 예상된다. 그러니 서둘러야 한다. 지금 당장 언락 AI 하는 사람이 그다음의 언락도 할 수 있다.

UNLOCK AI

기존 지식을 적용해 반복적으로 업무를 처리하고, 정형화한 결과물을 생산하는 데만 AI를 활용한다면, AI는 그저 쓰는 도구에 불과하다. 그러나 AI를 협력하는 도구로 활용한다면 누구나 당연하다고 여기는 방법 말고 전에 없던 새로운 시선으로 해결하는 일, 이를 통해 혁신적인 결과물을 창출할 수 있다. 이때 필요한 태도가 AI를 인간 잠재력의 확장으로서 재정의하고, '협력하는 도구'로 받아들이는 언락 AI다. 'AI와 어떤 방식으로 일할 것인가'를 고민하기 시작했다면 이제 언락 AI를 통해 'AI로 확장할 수 있는 나의 잠재력은 어디까지인가'를 질문해 보자.

UNLOCK AI

PART 2

내 안의 능력을
200퍼센트 끌어내는
Unlock 마인드셋

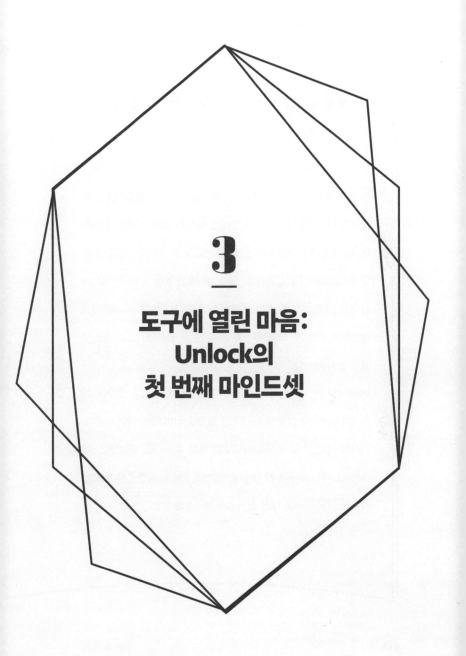

3

도구에 열린 마음:
Unlock의
첫 번째 마인드셋

이 장은 새로운 기술, 특히 AI에 대한 열린 태도의 중요성을 강조하고 있다. 구글 딥마인드의 '모바일 알로하' 로봇 사례로 시작하여, 이 로봇이 인간의 시연을 50회 정도 보고 새로운 작업을 학습할 수 있다는 점을 설명한다. 또한 사람들의 반응이 두 가지로 나뉜다고 지적한다. "50번이나 가르쳐야 한다니 별것 아니네"라고 실망하는 이들과 "학습 횟수를 더 줄일 수 있을까?"라며 가능성을 보는 이들이다.

MBN 김시형 PD와 래퍼 개코의 사례를 통해, 새로운 도구에 대한 열린 태도가 어떻게 혁신적인 결과로 이어지는지 보여 준다. 김시형 PD는 미드저니로 프로그램 홍보 포스터를 제작했고, 개코는 AI 작사 도구에 큰 관심을 보였다. 이들의 공통점은 새로운 기술에 대한 두려움 대신 호기심과 적극성을 보인다는 것이다.

양돈 농장의 AI 체중 측정 시스템 사례를 들며, AI 협업이 모든 분야에서 필수적임을 강조한다. 65세 이상의 농장주들은 처음에 거부감을 보였지만, 젊은 세대의 농장주들이 AI를 도입하며 큰 성과를 거두었다. 결론적으로 저자는 직종이나 위치와 관계없이 AI와의 협업은 이제 선택이 아닌 필수이며, 이에 대한 열린 태도가 미래의 성공을 좌우할 것이라고 주장한다.

AI를 대하는 인간의 태도

검고 기다란 로봇팔 두 개가 창문을 열더니 베란다 텃밭에 물뿌리개로 물을 준다. 진공청소기를 돌리고, 커피머신에 캡슐을 집어넣고, 키친타월을 뜯어 탁자 위 쏟아진 우유를 훔친다. 침실로 들어가선 매트리스 커버와 베갯잇을 씌우고, 옷걸이에 점퍼를 걸더니 지퍼까지 야무지게 채워 옷장에 집어넣는다.

2024년 1월 구글 딥마인드와 스탠퍼드대학교 공동 연구팀이 공개한 로봇 '모바일 알로하Mobile Aloha'의 가사 노동 장면이다. 계단을 오르다 속절없이 고꾸라지고, 문고리 하나 못 열어 버둥거리던 로봇이 바야흐로 음료수 뚜껑을 따고, 운동화 끈을 매고, 케첩을 적당량 짤 수 있을 만큼 정교한

a day of
Mobile ALOHA

가사 노동을 하는 로봇, 모바일 알로하

동작을 하게 되었다. 알로하의 제작비는 겨우 3만 2,000달러. 부품 설계도는 물론이고 해당 부품을 어디서 살 수 있는지까지 모두 공개되어 누구나 마음만 먹으면 '우리 집 알로하'를 만들 수 있다.

강연 자리에서 이 동영상을 공개하면 흥미로운 광경이 연출된다. 처음에는 알로하의 활약에 "와!" 하는 탄성이 터지다가 어느 순간 "에이~" 하는 김빠지는 듯한 소리가 들려온다. 알로하 뒤에서 인간이 로봇팔을 조작하는 장면이 나올 때부터다. 베개를 베갯잇에 넣을 때 어떤 타이밍에 탁탁 털어야 할지, 키친타월을 뜯을 때는 얼마만큼의 힘을 어떤 각도로 줘야 찢어지지 않을지 알로하가 스스로 판단해 수행하는 줄 알았는데 사실 뒤에서 사람이 조작하고 있었다니 맥이 빠지는 모양이다.

영화 〈에일리언 2 Alien 2〉에는 '파워로더 Power Loader'라는 화물 운반용 외골격 장비가 등장한다. 사람이 조종석에 탑승해 조작하는 대로 움직이는 로봇이다. 알로하는 인간의 조종이 필수적인 이러한 로봇과 달리 모방학습을 한다. 모방학습은 범용 로봇으로 향하는 큰 진전이다. 미리 입력된 특정 작업만을 수행하는 것이 아니라 필요에 따라 얼마든지 새로운 작업을 학습할 수 있기 때문이다. 인간이 20~50회 정도 시범을 보이면 알로하의 작업 성공률은 80~90퍼센트 까지 향상하는데, 이는 학습 효율성 면에서 보면 매우 놀라운 결과다. 게다가 알로하는 전이 학습을 한다. 한 대의 알로하에 특정 작업을 가르치면 모든 알로하가 그 작업을 할 수 있다는 뜻이다.

로봇 공학에 대한 이해가 전혀 없는 사람이 알로하를 원격 조종하여 학습시키는 영상을 보면 "저걸 50회나 반복해야 한다고?"라며 실망할 수도 있다. 그런데 누군가는 이와는 조금 다른 반응을 보인다.

"알로하 데모 횟수를 5회 이하로 줄일 수 있나요?"

"언제쯤이면 데모 횟수가 획기적으로 줄어들까요?"

프로젝트 알로하의 데모 영상을 보면서 로봇에 50회나 시범을 보이느니 차라리 내 손으로 하는 게 낫겠다거나 AI는 아직 멀었다는 반응을 보이는 사람은 로봇이나 AI뿐 아니라 모든 도구에 회의적일 것이다. 반면 '아직은 데모 횟수가 50회지만, 앞으로 더 줄일 수 있을까'를 궁금해하는 사람은 모든 도구에 열린 마음으로 접근한다.

나는 지금 어느 쪽에 있을까 생각해 보자. 새로운 도구를 만나면 호기심으로 가슴이 뛰고 설레는 쪽일까, 아니면 얕보거나 애써 무시하려 들거나 두려워하는 쪽일까. AI를 포함한 모든 도구에 어떤 마음으로 접근하느냐가 AI를 언락할 수 있느냐 없느냐를 결정한다.

새로운 도구에 가슴이 답답해지는 사람인가, 설레는 사람인가?

"생성형 AI 써 봤어?"

둘 이상만 모이면 이런 말로 대화가 시작되던 2024년 초, MBN 김시형 PD가 이미지 생성 AI인 미드저니Midjourney로 예능 프로그램 〈더 와일드〉와 〈한 번쯤 이혼할 결심〉의 홍보 포스터를 만들어 화제가 된 일이 있다. 당시는 생성형 AI 를 향한 관심이 뜨거운 만큼 혹평도 따가운 때였다. "미드 저니가 사람 손가락을 여섯 개로 그렸다더라", "챗GPT가 세종대왕이 맥북 프로를 집어던졌다고 했다더라"라는 이야 기가 SNS에서 회자되면서 AI가 놀림감이 되던 시기였다. 이런 때 어떻게 미드저니로 프로그램 홍보 포스터를 만들 생각을 다 했을까. 아는 기자를 통해 김시형 PD를 만나 직접 물어보았다.

이야기를 들어보니 회사에서 생성형 AI를 활용해 보라며 독려하고 적극적으로 지원해 주는 분위기이긴 했지만 그게 전부는 아니었다. 본인은 원래 새로운 기술이나 플랫폼에 거부감 대신 호기심이 많은 사람이라고 했다. 그러면서 자신이 우리나라에서 인스타그램을 가장 먼저 시작한 사람일 거라고 덧붙였다. 새로운 플랫폼이 나오면 일단 아이디부터 만들고 이리저리 둘러보면서 이걸로 내가 뭘 할 수 있나 상상해 본다는 것이다.

이 말을 듣자, 모든 궁금증이 다 풀렸다. 그러니까 김시형 PD는 아로하 로봇을 보고 '50회나 가르쳐야 한다니 별거 아니네' 하는 쪽이 아니라, '학습 횟수를 더 줄일 수 있나?'를 궁금해하는 쪽의 사람인 것이다. AI를 활용하면서 가장 고민해야 하는 부분이 무엇일지 묻는 내게 그는 간단하면서도 핵심적인 답을 들려줬다.

"고민만 하지 말고 써 보는 겁니다. 일단 한두 번 시도해 보는 게 가장 중요합니다."

한번은 힙합 그룹 다이나믹 듀오의 래퍼, 개코에게 라임을 잘 짜는 비결이 무엇이냐고 물었다. 독서나 사전 찾기

등 흔한 답을 예상했는데, 개코의 답은 달랐다. 나처럼 다른 분야에서 일하는 사람들을 만나 오래 이야기하다 보면 자기가 평소 쓰지 않는 어휘를 많이 접하게 되고, 그런 새로운 자극이 라임 짜는 데 도움이 된다는 것이다.

라임 만드는 데 어휘력이 필요하다? 퍼뜩 생각나는 유튜브 동영상이 있어 개코에게 보내 주었다. 그래미상을 받은 래퍼이자 MIT 객원 연구원인 루페 피아스코Lupe Fiasco가 TextFX라는 AI 도구로 라임을 만드는 과정을 담은 동영상이다. TextFX는 피아스코가 구글과 협업해 만든 AI 기반의 창의적 글쓰기 도구다.

특정 주제나 개념에 대해 직유법을 만들고, 두 개념 간의 교차점을 찾아 주고, 특정 글자로 시작하는 주제 관련 단어를 선별해 보여 주는 등 글쓰기에 특화한 다양한 기능이 있다. 가령 'expressway'라는 단어로 소리는 같되 의미는 다른 구절을 만들어 달라고 하면 'express whey', 'express sway', 'ex-press way' 등 수백 개에 이르는 다양한 결과물을 보여 준다.

이 동영상을 본 개코가 어떤 반응을 보였을까? 나는 둘 중 하나일 거로 생각했다. 첫 번째는 "응, 괜찮네. 세상에 이

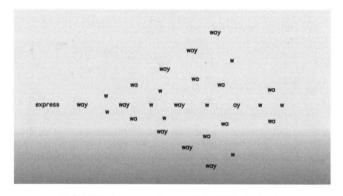

루페 피아스코가 TextFX라는 AI 도구로 라임을 만드는 과정

런 방법도 다 있네"다. 신기하긴 한데, 자신이 쓸 일은 없을 거란 반응이다.

두 번째는 실제로 개코가 보인 반응이었다. "형, 이거 어떻게 하면 쓸 수 있어요?"

이 말은 지금 당장 자기 일에 이 새로운 기술을 적용하겠다는 강한 의지의 표현이다.

2024년 봄만 해도 웹툰 공모전 포스터를 대학생과 같은 아마추어에게 만들어 보라고 하면 열 명 중 한두 명만 AI를 썼다. 하지만 1년 만에 결과가 역전되어 이제는 한두 명 빼고 거의 모든 사람이 AI를 써서 결과물을 낸다. 앱·리테일 분석 서비스 업체인 와이즈앱·리테일·굿즈에서 발표한 바에 따르면 2024년 12월 국내에서 생성형 AI 앱을 사용한 시간은 9억 분이라고 한다. 같은 해 8월에는 사용 시간이 3억 분이었는데 매달 1억 분가량 증가해 12월에는 역대 최다 시간을 기록했다.

"회사에서 AI 쓰라는데 어쩌지?", "남들은 다 AI 쓴다는데 난 어쩌지?" 이런 고민을 할 때는 이미 지났다는 이야기다.

엑셀 사용법 익히자고 벽돌책 한 권을 읽었던 시절이 있었다. 하지만 이제 도구를 얼마나 잘 다루느냐는 중요한 문제가 아니다. 모든 사람의 휴대전화와 PC에서 AI 에이전트가 작동하는 시대가 곧 온다. 그러면 특별한 기술 없이도 누구나 말 한마디, 프롬프팅 한 줄로 AI를 사용할 수 있게 된다.

이런 시대에는 새로운 도구에 대한 선입견이나 진입 장벽이 없는 사람이 앞서갈 수밖에 없다. 새로운 도구를 써 봤냐 아니냐가 일 잘하는 사람과 못 하는 사람을 가르는 결정적인 기준이 될 것이다.

누군가가 "아, 내 일에 쓰기에는 AI 기술이 아직 한참 부족해"라고 말할 때 김시형 PD나 개코와 같은 누군가는 일단 써 본다. 새로운 플랫폼이나 도구를 만나면 부담감과 두려움이 아닌 설렘과 기대감을 느끼고, 궁금하고 흥분되어 안 써 보곤 못 견디는 사람들, 어떤 도구든 잠재력이 있다고 생각하고 도구를 언락하는 사람들이 이제 뭐라도 해 내는 시대가 되었다. 시대별로 업무 분야별로 도구는 달라지지만, 그 도구에 열린 마음으로 접근해 늘 연결되고자 하는 사람은 현재 어느 위치에 있는지와 상관없이 앞서가고 올라가고 성과를 낼 것이다.

무슨 일을 하든
AI와의 협업은 이제 숙명이다

양돈 농장에서 돼지 체중 측정은 수익성과 직결되는 업무다. 돼지 체중에 따라 성장 속도와 건강 상태를 추정할 수있고, 적정 출하 시기와 사료 급여량도 결정되기 때문이다. 문제는 돼지를 붙잡아 체중계 위에 올리는 일이 말처럼 쉽지 않다는 데 있다. 돼지 한 마리당 최소한 두 명 이상이 필요한데 인력을 구하기가 쉽지 않다. 또한 양돈 농장에서는 대부분 근로자가 외국인 노동자라 관리 시스템도 부족한 상태다. 이 과정에서 돼지가 받는 스트레스도 상당하다고 한다.

그런데 최근 AI를 활용한 혁신적인 방법이 등장했다. 스타트업 인트플로우Intflow가 개발한 엣지팜Edgefarm이라는 제품이다. 비접촉 카메라로 돼지의 체형을 분석해 곧바로 체중을 측정하는데, 그 정확도가 98.2퍼센트에 달한다. 심지어 여러 마리의 체중을 동시에, 시간 지연 없이 잴 수 있고, 이렇게 수집한 데이터를 곧바로 중앙 서버에 기록해 체계적인 관리가 가능하다. 또한 실시간 모니터링을 통해 돼지의 건강 상태와 행동을 실시간 분석하여 질병 발생 시 신속한 대응, 작업자 대체 등 비접촉 방식의 농장 관리를 할 수 있다.

돼지 4,000마리 이상 규모의 농장에서 엣지팜 기술을 적용한다면 돼지 체중 측정 및 기록 작업에 드는 시간을 95퍼센트 줄일 수 있다. 구독 서비스를 제공해 사용료 부담이 적고, 일반 CCTV를 사용하는 서비스인 만큼 초기 설치비 역시 저렴한 편이다.

누가 봐도 안 쓸 이유가 없는 기술이지만, 양돈 농장주들의 반응은 예상과 달랐다. 지금 방식으로도 별문제 없다, 사람이 하면 되는데 기계를 왜 쓰냐, 하는 회의적인 반응이 대부분이었다. 농장주 절반이 65세 이상 고령임을 감안하면 놀라운 결과는 아니다. 완고한 농장주들을 설득하는 데 자그마치 1년이라는 시간이 걸렸다.

변화는 농장을 물려받은 2세대 농장주에서부터 서서히 시작되었다. 2024년 10월 기준 엣지팜 서비스는 국내 65개 농장에 도입되었고, 10여 개국과 수출 계약을 맺었다.

〈동아일보〉 2024년 8월 19일 자에 실린 52세 농장주 인터뷰에 따르면 3만 평 넓이의 농장에서 돼지 7,500마리를 직원 일곱 명이 키우고 있는데, 2015년 10억 원이던 매출이 엣지팜을 도입한 이후로 60억 원으로 현저히 늘어났다고 한다.

AI와 협업할 수 있는 영역이 무엇이냐는 질문을 자주 받는다. 그럴 때마다 나는 '모든 영역'이라고 답한다. 농장주인가? AI와 협업해야 한다. 래퍼인가? AI와 협업해야 한다. 좋은 교사가 되고 싶은가? AI와 협업해야 한다. 작은 동네 서점을 운영하고 싶은가? AI와 협업해야 한다. 무슨 일을 하든 무엇을 하고 싶든 AI와 협업해야 한다.

오늘날 직무의 대부분은 디지털 도구와 불가분의 관계에 있다. AI와 아무런 관련이 없는 일에 종사한다고 자신 있게 말할 수 있는 사람은 없다. 돼지 체중을 재고 음식 주문을 받으며 재고를 관리하고 고객과 소통하며 인력 운영을 계획하는 모든 순간에 AI가 관여한다. 우리는 어떤 형태로든

AI 기술을 사용하고 있고, 아무도 그 영향력에서 벗어날 수 없다.

모든 지표가 이제 AI 없는 미래는 존재하지 않는다고 분명히 가리키고 있다. 기술 발달은 인간이 그 변화를 따라가는 속도보다 언제나 빨랐다. 망설일 시간이 생각보다 많지 않다. 지금 내가 하는 일이, 앞으로 하고 싶은 일이 AI와 관련 있는 분야라는 사실을 빨리 인정해야 한다. 그래야 비로소 언락 AI를 향한 한 걸음을 내디딜 수 있다.

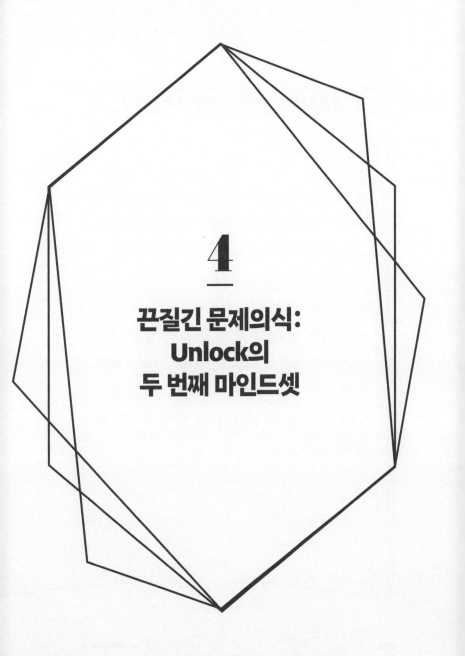

4

끈질긴 문제의식:
Unlock의
두 번째 마인드셋

AI 기술의 진정한 활용은 조직이나 회사의 강요가 아닌, 개인의 절실한 문제의식에서 시작된다. 회사의 혁신은 직원 개개인의 혁신에 따라오는 부산물이며, AI 역시 자신이 당면한 문제를 해결하려는 의지가 있을 때 효과적으로 활용된다.

반도체 롤러 교체 타이밍을 AI로 분석한 전문가 사례나, 당근마켓의 LLM 활용, 알렉산더 왕과 메이블린의 디지털 일루전 마케팅은 모두 구체적인 문제 해결을 위한 치열한 고민이 AI 활용의 성공으로 이어진 경우다. 단순히 시대의 흐름을 따라가기 위해 AI를 도입하는 것이 아니라, 실질적인 문제 해결을 위해 AI를 도구로 활용한 것이다.

금융 전문가 '뉴욕주민'의 사례는 이를 잘 보여 준다. 그는 금융 지식의 보편화라는 문제의식으로 유튜브 채널을 운영하다가, 더 나은 해결책을 찾아 AI 기반의 플루토 프로젝트를 시작했다. 이는 도메인 전문가의 지식과 AI 기술의 결합이 가져온 성공적인 결과다.

의료, 법률, 금융 등 각 분야의 전문가들이 AI 개발에 참여하는 이유도 여기에 있다. 이들은 자신의 분야에서 발견한 문제를 해결하기 위해 AI를 활용하며, 이러한 도메인 전문성이 AI 시스템의 품질을 높이는 핵심 요소가 된다. AI는 문제 해결을 위한 도구이며, 진정한 혁신은 문제를 해결하고자 하는 개인의 치열한 고민에서 시작된다.

내 문제에 대한 고민이 먼저다

기업 강연에서 내가 종종 하는 말이 있다.

"직원들더러 회사 혁신을 위해 일하라고 할 게 아니라, 회사가 직원 개개인의 혁신을 도와야 합니다."

그러면 임원들이 이렇게 묻는다.

"회사 혁신은 누가 합니까?"

이런 의문은 아웃풋output과 아웃컴outcome, 즉 산출물과 그로 인한 영향을 혼동해서 생긴다. 회사 혁신은 직원들의 자기 혁신이라는 아웃풋에 저절로 따라오는 부산물, 즉 아웃컴이다. 직원 개개인의 삶에서 혁신이 일어날 때 비로소 회사의 혁신도 시작된다. 왜 회사 혁신을 앞세우면 안 될까. 회사의 혁신은 직원들을 신나게 하지 않기 때문이다.

AI 기술을 도입하는 일도 이와 비슷하다. 앞서 소개한 AI 트렌드를 보며 가슴이 두근거렸다면 그 이유는 무엇일까? '이런 기술들 따라잡으려면 고생깨나 하겠다' 하는 스트레스로 부정맥 비슷한 증상이 나타난 사람도 있겠고, '와, 이런 세상이 오면 내가 일하기 얼마나 편해질까' 하고 가슴이 설렌 사람도 있을 것이다. 남의 일이라고 생각하면 아무리 AI 기술이 발달한들 내 가슴이 설렐 일이 없다. 아니, 오히려 부담스럽고 피로해지기만 한다.

그런데 아무리 생각해도 AI 기술 발달이 남의 일 같기만 하다면 어떻게 해야 할까. 내가 지금 당면한 문제가 무엇인지부터 생각해 봐야 한다. 그 문제를 해결하는 일이 개미만 한 힘마저 끌어다 쓰고 싶을 만큼 나에게 절실하다면 AI는 결코 남의 일이 될 수 없다.

반도체 제조 공정의 연속성을 유지하려면 웨이퍼나 기타 반도체 부품을 이동시키는 롤러 시스템이 24시간 안정적으로 작동해야 한다. 이 롤러를 교체하려면 모든 라인의 생산을 중단해야 하는 만큼 교체 타이밍을 너무 늦지도 이르지도 않게, 절묘하게 잡아야 한다. 너무 빨리 교체하면 불필요한 비용이 발생하고, 너무 늦게 교체하면 성능이 저하되어 자칫 고가의 웨이퍼가 손상되는 사고로 이어질 수 있다. 몇 년 전까지만 해도 롤러 교체 최적의 타이밍은 거의 '전문가의 눈'에 의존했다. 노련하고 경험 많은 전문가가 육안으로 롤러의 표면 상태, 마모 및 균열의 정도를 살펴서 마치 산신령이 계시를 내리듯 교체할지 말지를 결정한 것이다.

그런데 이 분야의 전문가 한 분이 구글의 비전 API라는 이미지 분석 AI 서비스를 활용하면 롤러의 균열 정도를 더 정확하게 파악할 수 있겠다는 아이디어를 생각해 냈다. 그분은 어떻게 이런 생각을 할 수 있었을까. 모든 정보를 자기 일과 연결하는 회로가 그분의 뇌 안에 있었기 때문이다. 머릿속이 온통 롤러 교체 최적의 타이밍에 대한 고민으로 가득한 나머지 입수하는 모든 정보가 마치 깔때기라도 꽂은 듯 그 문제를 해결하는 뉴런으로 모이는 것이다. 이분은 AI가 아니라 그 어떤 기술이라도 기어이 자신이 고민하는 문제를 해결하는 데 활용했을 것이다.

이게 벌써 5년도 더 된 일이다. 지금은 누구나 AI에 접근하고 활용하기가 훨씬 더 편해졌다. 생성형 AI의 등장으로 코딩 전문가가 아니어도 자연어를 매개로 AI를 활용하는 시대가 되었다. 그런데 어째서 AI의 산출물에는 저마다 차이가 있을까. 어째서 누군가에게는 AI가 요술 방망이처럼 쓰이는데, 또 누군가에게는 소문만 무성한 잔치에 불과할까.

흔히 AI를 잘 쓰려면 프롬프팅을 잘해야 한다거나 좋은 질문을 해야 한다고들 하는데, 그건 반쪽짜리 의미 없는 말이다. 일단 내 문제에 대한 고민이 먼저다. 내 문제를 해결하는 데 AI를 쓰려는 사람은 프롬프팅을 더 치열하게 할 수밖에 없고, 날카롭게 벼린 질문을 할 수밖에 없다. 옛말에 "구슬이 서 말이라도 꿰어야 보배다"라고 했다. AI 툴을 아무리 열심히 익히고 배워도 자기 고민을 해결하는 데 그 기능을 엮지 못하면 AI는 보배가 아니라 그저 뿔뿔이 흩어져 굴러다니는 장난감 구슬에 불과하다.

치열한 문제의식이 있으면 돌고 돌아도 결국 AI 앞에 당도한다

'우리 조직이 갖춰야 할 역량은 무엇일까'라는 질문은 정보화 시대, 뷰카(VUCA, Volatility·Uncertainty·Complexity·Ambiguity) 시대, DT Digital Transformation 시대, AI 시대 등으로 배경만 바뀌어 거의 10년 주기로 반복되고 있다. 그런데 정작 주요 기업의 교육 내용을 들여다보면 이들 변화가 조직에 왜 필요한지에 대한 근본적인 고민이 없다. 그저 시대가 바뀌었으니 따라잡아야 한다는 식이다. 문제의식 없이 기술만 도입하면 기능을 익히는 데만 급급해져 조직원들의 피로도가 높아지고, 실제 업무에서 기대한 만큼의 성과를 내기 어려워 기술에 대한 실망감이 커지게 마련이다. 많은 기업에서 챗봇 도입 이상으로 AI를 활용하지 못하는 이유다.

치열한 문제의식으로 AI에 접근한 기업은 무엇이 다를까. 중고 거래 앱 당근은 사용자 경험 개선, 지역 기반 서비스의 품질 향상에 AI 기술을 적극적으로 활용하고 있다. 이 앱의 게시물은 개인 판매자가 자유로운 형식으로 올리는 만큼 여느 온라인 쇼핑몰의 게시물과 달리 판매 제품에 대한 정형화한 정보가 거의 없다. "이 구두는 도산공원 근처 로드숍에서 30만 원에 산 건데, 15만 원에 팔게요. 3만 원 정도는 네고 가능해요. 대신 미성아파트 쪽으로 와 주시면 좋겠어요"라는 게시물이 있다고 하면 당근은 LLM을 활용해 이러한 비정형 정보에서 브랜드명·제품명·제품 종류·컬러·사이즈·사용 기간·핵심 키워드 등의 정형 정보를 추출하고, 이를 바탕으로 비슷한 제품을 추천하거나 관련 광고를 노출하고 있다. 또 사용자가 장소를 태깅하지 않아도 게시물에서 가게 이름이나 장소를 언급했다면 LLM이 이를 자동으로 인식해 관련 정보를 연결해서 제공한다.

미국 패션 브랜드 알렉산더왕Alexander Wang은 2024년 4월 언더웨어 라인을 론칭하면서 브루클린 브리지에 거대한 여성 속옷 조형물을 설치한 영상을 제작했다. 차들이 쌩쌩 지나가는 와중에 다리 위에 걸린 거대한 여성 속옷이 펄럭이

브루클린 브리지에 거대한
여성 속옷 조형물을 설치한 광고 영상

거대한 속눈썹이 달린
런던 지하철 차량 광고 영상

는 이 영상은 공식 인스타 계정에서만 조회수 5,000만 이상, '좋아요' 110만 이상을 기록하는 등 큰 화제를 모았다.

메이블린은 2023년 7월, 거대한 속눈썹이 달린 런던 지하철 차량 광고로 이목을 끌었다. 이 차량이 지하철역을 통과하면 플랫폼에 설치된 대형 마스카라 브러시가 차량에 달린 속눈썹에 마스카라를 발라 준다. 또 다른 광고에서는 런던의 2층 버스에 속눈썹이 달려 있고 한 건물에 부착된 대형 마스카라 브러시가 이 버스의 속눈썹을 빗어 준다.

흥미로운 콘텐츠로 바이럴 마케팅의 정수를 보여 준 이 두 광고는 실제로는 집행된 적이 없다. 둘 다 CGI와 VFX 기술을 활용해 만든 디지털 일루전Digital Illusion으로 SNS를 통해서만 배포되었다. 실제로 브루클린 브리지에 여성 속옷을 걸거나 런던 지하철 차량에 속눈썹 모형을 달려 했다면 제작비와 기술 문제는 논외로 하더라도 공공 시설물에 대한 안전 규정을 이유로 촬영 허가조차 받지 못했을 것이다. 제작에 따르는 현실적인 난관은 피하면서 사람들이 재미있어하며 자발적으로 공유할 만한 임팩트 있는 영상을 만들려는 치열한 문제의식이 AI와 만나 이런 압도적인 결과물을 만들어 냈다.

회사에서 AI를 쓰라고 하도 독려하니 울며 겨자 먹기로 AI 툴을 공부하긴 하는데, 막상 내 업무와 무슨 관련이 있나 싶고, AI를 도입한 결과도 썩 좋지 않아 힘들었다면 사실은 어떤 일을 해결하고자 하는 문제의식 그 자체가 없었다고 봐야 한다. 반드시 해결해야 할 문제가 있는 사람은 처음부터는 아니더라도 언젠가는 AI 기술을 받아들이게 되어 있다. 문제 해결에 대한 절실함으로 도구를 적극적으로 탐색하고, 이런저런 실패와 성공을 반복하다 보면 필연적으로 AI 기술에 도달하게 된다.

누군가가 "AI 기술, 허울만 좋지, 현실에선 대체 얻다 쓰냐" 할 때 누군가는 내가 원하는 바를 AI로 어떻게 구현할지 고민하고 상상한다. 가령 잃어버린 안경을 찾아 주는 프로젝트 아스트라의 기능은 어디에 쓸 수 있을까. 대부분이 "건망증 있는 사람들이 쓰기 좋겠네" 또는 "치매 관련 산업에서 응용하기 좋겠네"라고 답변한다. 한마디로 '남의 일'이라는 뜻이다. 반면 무엇이든 자기 일에 끌어들여 생각하는 습관이 있는 사람이라면 다르게 답변할 것이다. 주부라면 냉장고 안 유통기한 지난 음식을 가려내는 데 쓸 수 있을 테고, 메이크업 아티스트라면 작업 전후로 메이크업 툴을 정돈할 때 쓰면 요긴할 것이다.

　디지털 트윈 기술은 또 어디에 쓸 수 있을까? 사교육 업체 대표라면 일타 강사의 디지털 트윈을 만들고자 할 테고, 패션 업계 종사자라면 가상 피팅 서비스를 상상할 것이다. 마케팅 전문가라면 자사의 소비자 정보를 기반으로 디지털 트윈을 만들어 신제품 반응을 미리 알아보는 상상을 할지도 모르겠다. 실현 가능성이 있든 없든 자기가 지금 하는 일, 가장 절실하게 붙들고 있는 고민에 AI 기술을 끌어당겨 착 붙여 보는 상상력이 무엇보다 중요한 때다.

이제 AI 전문가가
각 분야의 최고 전문가가 된다

각 분야 최고 전문가가 AI 전문가가 되는 흥미로운 일이 일어나고 있다. 주식이나 투자에 조금이라도 관심이 있는 사람이라면 유튜버 '뉴욕주민'을 잘 알 것이다. 뉴욕주민은 와튼스쿨을 조기 졸업하고, JP모건·시티그룹 등의 글로벌 투자은행을 거쳐 헤지펀드의 애널리스트 및 트레이더로 활동한, 금융업 최전선에 있던 사람이다. 그가 늘 주장하는 바가 '금융 지식의 보편화'다. 자본주의 사회에서는 지식, 특히 돈에 대한 지식이 기회의 균등을 이루는 거의 유일한 도구라는 것이다. 그가 '뉴욕주민'이라는 유튜브 채널을 만든 이유도 여기에 있다. 미국 주식 시장에 대한 깊이 있는 정보를 전달하는 이 채널은 개설 2년 만에 구독자 25만 명을 달성하고 월 4만 명에 달하는 멤버십 유료 회원을 모집하는 놀라운 기록을 세웠다.

하지만 그는 여기서 만족하지 않았다. 미국 주식에 관심이 있는 누구나 현지의 고급 투자 정보에 쉽게 접근할 수 있는 금융 앱을 만들기로 하고, 구글 텐서플로우TensorFlow 팀에서 리드로 일하던 개발자 김기범과 함께 플루토 프로젝트Project Pluto라는 스타트업을 창업했다.

플로투 프로젝트는 창업과 동시에 투자자들의 엄청난 주목을 받았다. 이유는 간단하다. 생산하는 콘텐츠의 신뢰도와 품질이 압도적이기 때문이다. 공공 및 민간 연구, 파일링, 뉴스, SNS 콘텐츠 등 10만 개 이상의 출처에서 전방위적으로 검색한 뉴스를 실시간 검증하므로 인간이 생성한 뉴스 기사보다 더 빠르고 정확하며 신뢰할 만하다. 이러한 정보를 LLM 기반으로 맥락에 맞게 최적화하여 전달하기 때문에 더는 포털에서 투자 관련 정보를 검색할 필요가 없다. 가령 어떤 회사의 주식이 갑자기 급등한 이유가 궁금하다면 이 플랫폼 검색창에 자연어로 "어제 ○○ 주식 왜 올랐어?"라고 묻기만 하면 된다.

국내외 증권가와 언론사 여러 곳에서 이 앱을 테스트한

결과 하나같이 비타민이 아닌 진통제라는 찬사를 받았다. 있어도 그만, 없어도 그만이 아니라 특정 문제를 해결하는 필수적인 역할을 하는 앱이라는 평가다.

AI가 기사를 쓰는 게 더는 놀랍지 않은 요즘, 플루토 프로젝트는 어떻게 이토록 압도적인 산출물을 낼 수 있었을까. 가장 주요한 이유는 뉴욕주민의 도메인 전문성Domain Expertise에 있다. AI 개발자는 데이터의 의미를 이해하거나 해석할 수 없다. 뉴욕주민이 월가에서 잔뼈가 굵은 금융 전문가였기에 AI가 어떤 데이터를 어디에서 수집하고 어떻게 처리해야 할지 그 방향을 잡는 일부터 수집한 데이터의 진위와 신뢰성을 검증하고, 맥락에 따라 올바르게 해석하는 일까지가 모두 가능한 것이다.

AI 시스템의 의사결정 과정에 인간 전문가가 개입해 검증하고 보완하는 이러한 방식을 HITLHuman in the loop이라고 하는데, 여기에는 인간의 도메인 전문성이 핵심적인 역할을 한다. 특히 의료, 법률, 금융 등 특정 산업이나 분야에 특화한 버티컬Vertical AI가 발전하면서 AI와 인간 전문가의 협업이 점점 더 중요해지고 있다. 암 진단 AI 시스템 개발에는 의사가, 글쓰기 AI에는 작가가, 텍스트-투-이미지Text-to-

Image AI에는 화가가, 교육 AI에는 일타 강사가 참여해야만 실제 현장의 요구 사항을 정확히 반영하고 더 정교한 솔루션을 제공하는 AI를 개발할 수 있다.

그렇다면 뉴욕주민을 포함한 전문가들은 왜 AI 개발에 뛰어드는 걸까. AI 비전문가였던 이들이 AI 전문가가 되려는 이유는 무엇일까. 자신의 업무 영역에서 절실하게 풀고 싶은 문제가 있기 때문이다. 뉴욕주민의 경우에는 금융 지식의 보편화라는, 오래 붙들고 있던 화두를 해결하기 위한 수단으로 유튜브 채널을 만들었고, 더 효과적인 방법을 찾아 AI 개발에까지 이르렀다. 아마도 다른 전문가들도 마찬가지일 것이다. 진료를 보면서, 글을 쓰면서, 그림을 그리면서, 아이들을 가르치면서 현장에서 느낀 문제를 어떻게든 해결하고자 하는 마음이 그들을 AI에 이르게 했으리라. 이들에게는 AI 기술 자체가 아니라 자기 문제를 푸는 일이 더 중요하다. 앞으로 어떤 기술이 나오든 이들이 가장 먼저 언락할 것이고, 그런 이유로 가장 앞서갈 것이다.

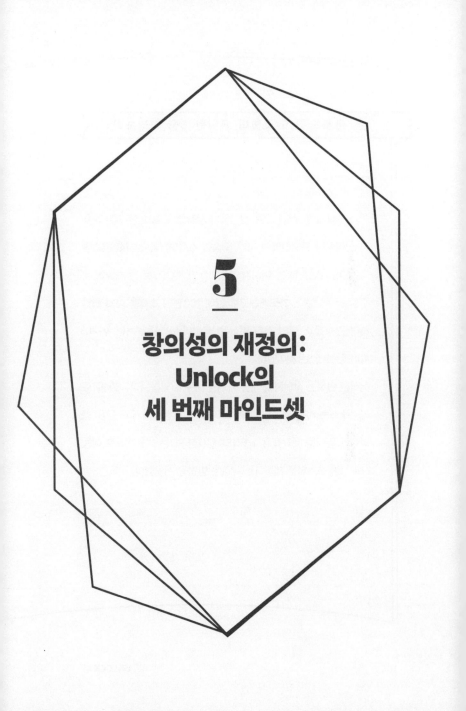

5

창의성의 재정의:
Unlock의
세 번째 마인드셋

AI가 문학계에 본격적으로 진입하기 시작했다. 2016년 일본의 호시 신이치상 공모전에서 AI가 작성한 소설이 1차 심사를 통과한 데 이어, 2022년에는 아시자와 가모메가 챗GPT로 쓴 소설이 우수상을 수상했다. 가모메는 3주 만에 100편의 소설을 AI와 협업하여 완성했고, 그의 작업 방식은 '콜럼버스의 달걀'처럼 누구나 따라 할 수 있는 것이었다.

이러한 변화는 창의력의 개념 자체를 바꾸고 있다. 유튜버 데몬플라잉폭스는 AI를 활용해 '해리 포터 바이 발렌시아가'와 같은 창의적인 영상을 제작했고, MBN의 김시형 PD는 미드저니로 예능 프로그램 포스터를 제작하는 새로운 방법을 개발했다.

새로운 시대의 창의력이란 AI의 잠재력을 인간의 잠재력과 연결하는 능력이다. 래퍼 루페 피아스코는 AI를 단순히 가사를 대신 쓰는 도구가 아닌, 창작 과정을 강화하는 협업자로 보았다. AI 크리에이터 라이언 오슬링의 사례처럼, AI가 아무리 발전해도 결국 중요한 것은 인간이 무엇을 상상하고 표현하고자 하는가 하는 본질이며, 이는 AI가 대체할 수 없는 영역으로 남아 있다.

작가들의 뮤즈가 된 AI

이세돌 9단과 구글 알파고의 대국으로 온 세상이 떠들썩했던 2016년, 일본 〈니혼게이자이신문〉이 주관하는 제3회 '호시 신이치상'에 AI가 집필한 '컴퓨터가 소설을 쓰는 날'이라는 소설이 1차 심사를 통과했다. 이 문학상은 미래 사회에 대한 창의적인 아이디어만 담고 있으면 응모작의 장르나 형식은 물론이고 작가에도 제한을 두지 않았다. 그래서 작가가 인간인지 AI인지 모르는 채로 심사가 진행되는데, 제정 3회 만에 AI가 창작한 작품이 1차 심사를 통과한 것이다.

이 작품은 인간이 얼개를 잡고 단어를 작성한 뒤 컴퓨터가 이를 무작위로 재조합하는 방식으로 창작되어 AI가 썼다고 말하긴 어렵다는 의견이 많았다. 알파고의 승리 소식에 이어 AI가 소설까지 썼다는 뉴스에 충격을 받았던 사람들은 '그래도 소설은 아직 인간의 영역이지'라며 가슴을 쓸어내렸다.

그로부터 6년 후, 같은 공모전에서 드디어 AI가 쓴 소설이 입상권 안에 들었다. 아시자와 가모메라는 작가가 챗GPT로 집필한 소설 '당신은 거기에 있습니까?'가 일반 부문 우수상을 받은 것이다. 가모메 작가가 자신의 SNS에 올린, AI와의 협업 과정을 담은 글의 제목은 이렇다.

'3주 만에 소설 100편을 쓰고, AI를 이용한 소설로는 사상 처음으로 호시 신이치상에 입선한 이야기'

글에 따르면 가모메는 2021년 9월, 호시 신이치상 마감을 3주 앞둔 시점부터 AI로 소설을 쓰기 시작해 무려 100편의 단편소설을 완성했다. 심지어 그는 전업 소설가도 아니다. 데이터 분석가로 본업을 하는 동시에 3주 동안 엄청난 양의 소설을 완성한 것이다. AI의 도움 없이는 불가능했을 일이다.

AI로 소설을 쓸 수는 있다. 그런데 그 완성도를 공모전에

응모할 수준으로 끌어올리는 건 쉬운 일이 아닐 것이다. 가모메는 2023년 2월에 《아시자와 법전-챗GPT를 이용해서 소설을 쓰는 방법》이라는 작법서를 SNS에 무료 배포했다.

그가 AI로 소설을 쓴 비결은 이렇다. 먼저 소설의 씨앗이 될 문장을 AI에 주고 소설 아이디어를 다섯 개 내보라고 한다. 이렇게 도출한 아이디어에서 마음에 드는 것을 골라 주인공의 이름과 프로필을 만들어 달라고 하고, 주변 인물들도 설정한다. 이런 단계를 거쳐 세부 사항이 결정되면 이를 토대로 AI가 집필을 시작하고, 이 결과물을 자신이 다듬어 작품을 완성한다.

같은 해 KBS 〈다큐 인사이트〉는 일곱 명의 소설가와 챗GPT의 사상 최초 공동 집필 프로젝트를 다룬 '인공지능과 함께 SF 소설을 써봤습니다' 편을 방송했다. 명령어만 입력하면 소설 한 편이 뚝딱 만들어질 줄로만 알았던 소설가들은 초반의 혼란에서 벗어나 점차 챗GPT와의 협업에 익숙해진다. 챗GPT는 소설가가 제시한 여러 이야기 유형에서 하나를 골라 방향을 이끌기도 하고, 꽉 막혀 더는 진전이 없는 대목에선 미처 생각하지 못한 복선을 제안해 돌파구를 만들어 내기도 한다. 소설가들은 챗GPT가 밀도 있는

섬세한 문장을 쓰진 못하지만, 집필에 필요한 정보와 아이디어를 제공하는 보조작가의 능력은 탁월하다고 인정하면서 앞으로도 집필에 챗GPT를 활용할 의향이 있다고 밝혔다. 7인의 소설가와 챗GPT의 공동 작업물은 《매니페스토 Manifesto》라는 제목의 SF 앤솔러지로 묶여 출판되었다. 챗GPT도 어엿한 작가로서 표지에 이름을 올렸다.

문학계에 AI의 그림자가 아른거리자, 창작의 본질을 다시 고민해야 한다는 목소리가 커졌지만, 이런저런 논의에도 작가들은 이미 AI를 보조작가로 받아들이기 시작했다. 그리고 이런 흐름은 되돌릴 수가 없다.

가모메 작가는 3주 만에 소설 100편을 쓴 과정을 소개하는 글 마지막에 자신의 방법은 '콜럼버스의 달걀'과 같다고 썼다. 언뜻 어려워 보여 아무도 실행에 옮기지 않았지만, 일단 누군가 하고 나면 별거 아닌, 누구나 할 수 있는 일이라는 말이다. 문학계가 달가워하든 아니든 가모메 작가와 같은 누군가가 달걀의 한쪽 끝을 살짝 깨뜨려서 세우는 모습을 본 이상 소설가의 작업 방식에는 분명히 변화가 생길 것이다. "AI로 무슨 소설을 써. 뻔한 스토리에 앞뒤 안 맞는 문장만 나오는데. 소설은 마지막의 마지막까지 인간의 영역이지"라고 말하는 작가도 여전히 있을 테지만, 누군가는 AI로 더 재미있고, 더 실감 나고, 더 기상천외한 소설을 쓰기 위해 AI와의 협업을 계속해서 시도할 것이다.

비단 문학계의 일만은 아니다. 이제 창의력의 개념이 바뀐다. 어떤 일에 필요한 창의력의 절반 이상은 'AI와 협업해 최고의 결과물을 내려면 어떻게 해야 할까'라는 고민에 쓰일 것이다. 내가 해결해야 할 문제에 AI를 어떻게 쓸 것인가를 잘 연결하는 사람, AI로 더 탁월한 결과물을 도출할 방법을 궁리하는 사람, AI의 잠재력을 확장해 자기 잠재력의 한계가 어디까지인지 확인하려는 사람, 바로 이들이 AI 시대의 창의력, 그 새로운 정의를 쓰게 된다.

AI 시대의 콜럼버스들, 창의력의 개념을 바꾸다

데몬플라잉폭스는 AI를 활용해 창의적인 영상물을 제작하는 유명 유튜버다. 최고 히트작은 2023년에 만든 '해리 포터 바이 발렌시아가Harry Potter by Balenciaga'인데 영화 〈해리 포터〉 시리즈의 주인공들이 프랑스 럭셔리 브랜드 발렌시아가의 의상을 입고 패션쇼 무대에 선다는 독특한 콘셉트의 영상으로, 업로드 2주 만에 조회 수 300만 회를 기록할 만큼 화제를 모았다.

놀라운 건 영상 전문가가 아니어도 AI에 대한 약간의 지식만 있으면 누구나 이와 같은 영상물을 제작할 수 있다는 사실이다. 데몬플라잉폭스가 공개한 제작 과정은 생각보다 간단하다. 먼저 챗GPT에 〈해리 포터〉 시리즈 주요 캐릭터

유튜버 데몬플라잉폭스가 AI를 활용해 제작한 '해리 포터 바이 발렌시아가'

열 명을 뽑아달라고 한다. 그런 다음 이렇게 프롬프팅한다.

"이제 20년 경력의 발렌시아가 패션 디자이너가 되어서, 열 명의 캐릭터에게 각각 발렌시아가의 독특한 의상을 입혀 줘. 이걸 런웨이 쇼에 올릴 거야. 캐릭터와 의상의 이름을 적어 줘. 1990년대 스타일이어야 한다는 걸 기억해."

이렇게 해서 챗GPT가 도출한 글을 이번에는 미드저니의 프롬프팅으로 활용한다. 즉 챗GPT가 만든 텍스트를 이미지로 바꾸는 작업을 하는 것이다. 그런 다음 음성 합성 및 복제 기술을 제공하는 일레븐랩스ElevenLabs라는 AI에 각 배우의 인터뷰 영상에서 녹음한 목소리를 학습시킨다. 마지막으로 D-ID 프로그램을 이용해 이미지를 비디오로 만든다.

이 노하우를 활용해 수많은 사람이 숱한 영상을 만들어 냈다. 전 세계 대통령부터 스티브 잡스, 마크 저커버그, 미드 〈브레이킹 배드Breaking Bad〉의 주인공 월터 화이트까지 발렌시아가 의상을 입고 런웨이를 누비는 영상이 유튜브를 점령하다시피 했다.

가모메 작가가 말한 '콜럼버스의 달걀'이 여기에도 있었다. 〈해리 포터〉 시리즈의 캐릭터들이 21세기에 우리와 함께 호흡하며 사는 셀럽들이라면? 그들이 명품 브랜드 의상을 걸치고 런웨이를 누빈다면? 또는 편의점에서 라면을 사고, 한강에서 오리배를 탄다면? 이런 상상은 누구나 할 수 있지만 이를 동영상으로 구현해 낼 방법을 찾기란 쉽지 않다. 방구석에서 상상한 아이디어를 구현하자고 영상 전문가가 되기로 결심할 수도 없고, AI로 해 보자니 어색하고 조잡한 결과물만 나와 포기하는 경우가 대부분이다. 하지만 데몬플라잉폭스처럼 누군가는 콜럼버스의 달걀과 같은 사고의 대전환을 시도한다. 특별한 기술 없이도 여러 AI 툴을 연결해 자기 아이디어를 구현해 낼 방법을 찾고야 만다.

MBN의 김시형 PD도 당시 할루시네이션(AI 알고리즘에 의해 그럴 듯하게 사실처럼 생성된 정보)이 심했던 미드저니로 예능 프로그램 포스터를 만들기가 쉽진 않았다고 털어놓는다. 영어로 열심히 프롬프팅을 한다고 했는데도 자신이 원하는 결과물을 얻을 수 없었다고 한다. 어떻게 하면 미드저니에 원하는 바를 정확하게 전달할 수 있을까. 모든 창의력을 이 문제에 집중시킨 결과 얻은 해결책이 포토샵 메뉴바에 있는 용어로 프롬프팅을 하는 것이었다. "나도 미드저니 써 봤는데 결과물 완성도가 이렇게까진 안 나오던데?" 하는 사람과 김시형 PD의 차이가 바로 여기서 나온다. '원하는 결과물이 안 나온다'라는 문제에 대해 전자는 'AI는 아직 멀었으니 나는 쓰지 않겠다'로 결론짓지만, 김시형 PD와 같은 사람은 '어떻게 하면 원하는 결과물을 도출할 것인가'를 두고 끊임없이 궁리하고 연구한다.

이런 자세가 조직에는 어떤 영향을 미칠까. 아무리 AI 도입에 우호적인 조직이라도 AI가 산출하는 결과가 신통치 않으면 조직 내 AI에 대한 피로도가 높아지면서 회의론이 커지게 마련이다. 이를 잘 알고 있던 김시형 PD는 당시 회사에서 준 한 달간의 AI 테스트 기간에 가장 간단하게 가시적인 결과물을 만들 방법이 포스터 제작이라 판단하고 이를 시도한다. 예능 프로그램 포스터를 미드저니로 꾸준히 만들면서 언론의 관심을 끄는 데 성공했고, 이런 작은 성취로 AI가 실제 업무에 적용 가능하다는 사실을 입증하자 AI 도입에 회의적이던 다른 직원들도 쉽게 설득되었다.

데몬플라잉폭스가 안긴 충격도 벌써 2년 전의 일이다. 지금 SNS는 21세기판 콜럼버스들로 가득하다. AI로 소설을 집필하고 동영상을 제작하며 논문을 작성하고 PPT를 만드는 수십, 수백 개의 방법을 고안해 널리 공유한다. 이들은 지금 창의력의 정의를 바꿔 가고 있다.

창의력이란 AI의 잠재력을
나의 잠재력과 연결하는 것

우리는 오래전부터 창의력의 베일을 벗기려 수많은 연구와 논의를 해 왔다. 뮤즈가 신의 영감을 귀에 속삭여 준다고 여기던 시절도 있었지만, 최근에는 '창의력은 단지 연결하는 것Creativity is just connecting things'이라는 스티브 잡스의 말이 더 큰 공감을 얻고 있다. 흥미롭게도 이 말은 뇌과학적으로도 꽤 통찰력이 있다. 창의적인 사람들의 뇌는 서로 다른 뇌 영역 간 연결성이 더 높다는 연구 결과가 있다.

이제 창의력이란 스티브 잡스가 말한 '경험을 연결하고 새로운 무언가를 종합하는 것'을 넘어 AI가 보여 주는 잠재력과 가능성까지를 연결하는 능력이라고 봐야 한다. AI는 무수한 조합과 패턴을 생성함으로써 인간의 상상력을 넘어서는 아이디어를 보여 줄 수 있다. 그 단적인 사례가 구글 AI가 반도체 칩의 기억소자를 배치하는 방식이다. 사람은 마치 책장을 정리하듯 일정한 방식으로 배치하지만, AI는 일정한 패턴 없이 마구잡이로 배열함으로써 여러 명이 수개월에 걸쳐서 하는 이 작업을 단 6시간 만에 끝내 버린다. 인간의 뇌로는 상상조차 할 수 없는 방식을 AI가 보여 준다면 AI와의 상호작용으로 우리의 창의력과 잠재력은 훨씬 더 확장될 수 있다.

AI가 소설을 쓰고 동영상을 제작하며 예능 프로그램의 포스터까지 만들면 나는 무얼 해야 하느냐고 묻는 사람도 있을 것이다. 개코에게 보내 주었던 TextFX 관련 동영상에서 래퍼 루페 피아스코와 함께 작업한 연구원은 이렇게 말한다.

"처음에는 루페가 자신을 위해 가사를 쓰는 AI 시스템을 원할 거로 생각했다. 하지만 그는 그것을 전혀 원하지 않았다. 그가 원한 것은 단지 단어나 구절, 개념에서 생기는 가능성의 세계를 탐험하는 데 도움을 주는 도구였다."

뒤이은 피아스코의 이야기까지 들어 보면 이 말의 뜻이 더 분명해진다.

"내가 하고자 한 일은 래퍼를 과정에서 배제하는 게 아니라 래퍼가 더 강화되고 더 많은 정보를 갖춘 방식으로 과정 안에 계속 있도록 하는 것이다."

다시 아까의 질문으로 돌아가 보자. AI가 소설을 쓰고 동영상을 제작하고 예능 프로그램의 포스터를 만들면 나는 무얼 해야 할까. 피아스코의 말에 그 해답이 담겨 있다. AI는 인간을 인간의 일에서 배제하려 존재하는 것이 아니다. AI의 도움으로 더 많은 통찰력과 창의성을 얻고 그리하여 인간의 잠재력을 확장하고 능력을 끌어올리는 것이 우리가 AI를 협업자로 받아들이는 이유다.

라이언 오슬링은 작품을 올리기만 하면 '좋아요'가 최소 1,000개 이상 달리고, 인스타그램 팔로워가 3,700명에 달하는 1세대 AI 크리에이터다. 유튜버 침착맨과 모델 주우재가 뮤지컬 〈시카고〉의 'We Both Reached for the Gun'을 부르는 딥페이크 영상은 그의 엉뚱한 상상력이 돋보이는 화제작이다. 한편 중국으로 반환되는 푸바오가 사육사의 손을 잡고 유채꽃이 만발한 길을 걷는 작품이나 안중근 의사가 위스키를 마시며 평범한 일상을 보내는 모습을 담은 작품은 묘한 감동과 여운을 준다. 처음에는 AI와의 협업으로 주목받았을지 몰라도 그가 전하고자 하는 메시지가 사람들 마음에 가닿지 않았다면 지금처럼 여러 사람의 사랑을 받는 크리에이터가 되진 못했을 것이다.

〈엘르〉와의 인터뷰에서 그는 AI로 원하는 이미지를 빠른 속도로 생성할 수 있게 되니 결국 중요한 건 콘텐츠의 알맹이, 즉 본질이라는 사실을 깨닫게 되었다고 밝힌다. 그의 말대로 아무리 AI가 고도화되어도 결국 중요한 건 내가 무엇을 상상하고 무엇을 표현하고자 하는가 하는 본질이고, 그 본질을 탐구하는 영역만은 AI가 결코 대신해 줄 수 없다.

UNLOCK AI

어떤 도구든 잠재력이 있다고 생각하며 도구를 연락하는 사람들이 이제 뭐라도 해 내는 시대가 되었다. AI라는 도구에 열린 마음으로 접근해 늘 연결되고자 해야 한다. 이때 내 문제를 해결하는 데 AI를 쓰고자 한다면 프롬프팅을 더 치열하게 하고, 날카로운 질문을 던져야 한다. 이렇게 도구에 열린 마음을 가지고 자기 문제를 해결하려는 의지가 있다면 AI로 더 탁월한 결과물을 도출하고, AI의 잠재력을 확장해 자기 잠재력의 한계가 어디까지인지 확인한다. 바로 이들이 AI 시대의 창의력, 그 새로운 정의를 쓰게 될 것이다.

UNLOCK AI

PART 3

나의 잠재력을 Unlock하는 플러스 원의 법칙

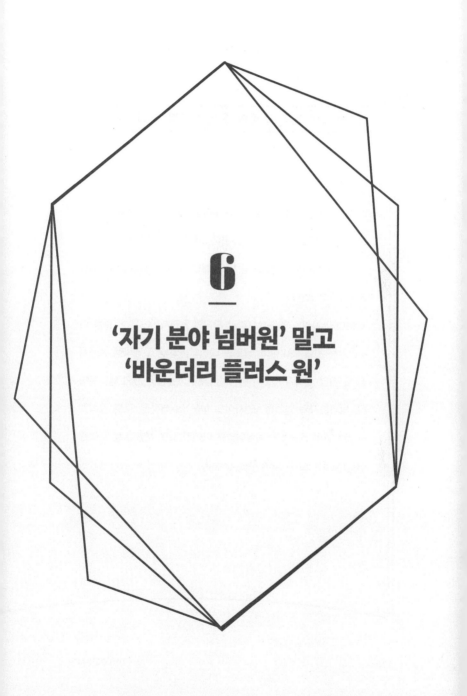

6

'자기 분야 넘버원' 말고 '바운더리 플러스 원'

이 장은 '자기 분야의 최고'가 되기보다는 '경계를 넘어서는 한 걸음'이 더 중요하다는 점을 강조한다. 저자는 자신의 MBTI가 ISTJ에서 ENFJ로 바뀐 경험을 통해 '원래의 나'라는 개념이 허상임을 깨달았다고 말한다.

'바운더리 플러스 원(Bd+1)'이란 자신의 안전지대에서 한 걸음 더 나아가는 것을 의미한다. 글로벌 데이터센터 공조 계약을 성공시킨 모 기업, 현대무용에서 영감을 얻은 〈겨울왕국 2〉의 애니메이터, 뇌과학자와 협업한 〈인사이드 아웃〉의 제작진, 로봇 공학뿐 아니라 의학 연구에도 열심이었던 아메카 로봇 개발팀 등이 이런 Bd+1의 정신을 잘 보여 주는 사례다.

저자는 자신이 구글 퇴사 후 투자사를 운영하게 된 일 역시 Bd+1 이었다고 설명한다. 급변하는 시대에는 자신의 전문성에만 안주 하지 않고 경계를 넘어서려는 시도가 필요하다. 이를 위해 다른 분야의 강연을 듣거나, 새로운 길로 출근하는 등 일상 속 아주 작 은 일부터 시작해 볼 것을 권한다.

안전지대 밖으로 나와야
안전지대를 넓힐 수 있다

내 MBTI는 ISTJ이다. 해설에 따르면, 믿음직스럽고 세심하고 신중하며 책임감이 강하고 논리적이나 고집이 센 성격이라고 한다. 한마디로 완벽주의 성향이 강하고 책임감이 강해 참 피곤하게 사는 스타일인 셈이다.

그런데 구글 퇴사 두 달 후 다시 검사해 보니 이번에는 ENFJ로 나왔다. J만 빼고 다 반대로 바뀐 것이다. 내향성에서 외향성으로, 세부 사항에 집중하던 성향에서 큰 그림을 보는 성향으로, 실용적인 리더십에서 카리스마 있고 영감을 주는 리더십으로 말이다.

처음엔 나이 들어가면서 자연스럽게 자신을 좀 덜 괴롭히는 성격으로 바뀐 줄 알았다. 그런데 그게 아니었다. 공감

능력이 탁월하고 헌신적이며 다른 사람들을 돕는 데 진심인 이 성향이 대체 왜 발현되었을까를 곰곰이 생각해 보니 아무래도 벤처 캐피털리스트로서 일하기에 더 적합한 성향으로 바뀐 게 아닌가 싶다.

만일 내 해석이 맞다면 반갑고 기쁜 일이다. 내가 '난 원래 이런 사람이야'라는 고정된 틀에 나 자신을 가두기보다 주변 상황에 발맞춰 얼마든지 변화할 수 있는 사람이라는 뜻이니 말이다.

챗GPT가 갓 세상에 나와 연일 사람들 입에 오르내리던 때, 정작 챗GPT를 실제로 사용해 봤다는 사람은 아주 적기에 내가 이런 말을 했다. 도구를 잘 알아야 한다는 부담감을 버리고 일단 한번 그냥 시도해 보는 자세가 앞으로의 경쟁력이 될 수도 있겠다고. 그랬더니 누군가가 이런 질문을 했다.

"트렌드에 따라 자신을 바꾸는 게 맞을까요, 아니면 자신의 강점을 잃지 않는 게 맞을까요?"

그로부터 1년이 흘렀다. 장담컨대 이 질문을 한 분은 아마 매일 같이 챗GPT를 쓰고 있을 것이다. 이런 치열한 고민을 하는 사람이라면 AI 없이 강점을 키우긴 어렵다는 사실을 금세 깨달았을 테니 말이다.

'강점'이란 상대적인 개념이다. 환경이 바뀌면 약점이 강점이 되기도 하고, 강점이 약점이 되기도 한다. 따라서 나의 강점을 잃지 않으려 노력한다는 건 고정불변의 무균실 환경에서만 할 수 있는 말이다. 현실에선 영원한 약점도, 영원한 강점도 없다. 그래서 내가 늘 하는 말이 약점이냐 강점이냐를 따지지 말고 그저 '특성'이라는 관점으로 바라봐야 하며, 상황에 따라 언제 어떤 특성이 필요할지 모르니 되도록 많이 리스트 업을 해 두자는 것이다.

누구에게나 나만의 안전지대Comfort Zone가 있다. 익숙하고 편안한, 소위 '나답게' 존재할 수 있는 상태를 가리키는 말이다. 안전지대는 아이가 양육자의 품에서 안정을 찾듯 외부의 자극과 스트레스에서 내 마음을 치유하고 자신감을 회복하는 심리적 공간이다.

트렌드에 따라 자신의 성향을 바꾸는 대신 강점을 유지하려 애쓴다는 건 이 안전지대에 그대로 머물겠다는 뜻이다. "난 원래 이런 사람이야"라는 안전지대에서 자신에게 가장 익숙한 방법, 지금까지 잘해 왔던 방법을 고수하겠다는 뜻이다. 하지만 아이가 언제까지나 양육자의 품에서 있을 수 없듯이 우리도 언제나 안전지대에만 머물 수는 없다. 주변 환경이 바뀌면 우리의 안전지대도 달라져야 하고, 결국에는 조금씩 조금씩 넓혀 가야 한다.

안전지대를 넓히려면 단 한 걸음이라도 안전지대 밖으로 내디뎌야만 한다. 나는 이것을 '바운더리 플러스 원Boundary Plus One(이하 'Bd+1')'이라 부른다. Bd+1을 통해 자신의 영역을 단 한 걸음이라도 넓혀 가려고 노력하지 않으면 아무리 자신의 강점을 유지해 봤자 '안방의 호랑이'일 뿐이다.

'원래 그런 나'는 없다

뇌과학자 그레고리 번스Gregory S. Berns가 쓴《나라는 착각The Self Delusion: The New Neuroscience of How We Invent and Reinvent Our Identities》에 따르면 자아는 고정된 것이 아니라 끊임없이 변화한다. 매일 아침 거울 속에서 마주하는 '나'는 사실 고정된 실체가 없고, 뇌가 과거 수많은 사건에서 특정 부분을 편집하고 맥락을 이어 붙인 기억의 집합체라는 것이다. 우리의 뇌는 기억을 압축하고 편집하며 빈 곳을 견디지 못해 차라리 꾸며서라도 채우려 한다. 한마디로 내가 아는 '나'는 스스로가 만든 이야기에 불과하다는 의미다.

이 이론이 맞는다면 "나는 원래 이런 사람이야"라는 말처럼 공허한 게 없다. 내게는 무수한 자아가 있고, 자아정체성이란 그중에서 내가 자신과 타인에게 들려주는 '편집한 이야기'이기 때문이다.

'테세우스의 배Ship of Theseus'라는 유명한 사고 실험이 있다. 그리스 신화의 영웅 테세우스가 괴물 미노타우로스를 물리치고 무사히 귀환하자 아테네 사람들은 이를 기념해 그가 타고 온 배를 보존하기로 한다. 낡은 부품과 선체를 새것으로 교체해 가며 관리한 덕에 테세우스의 배는 꽤 오래 보존된다. 그런데 시간이 흐르고 흘러 예전의 모든 부품과 선체가 다 새것으로 교체된다면 그래도 이것은 여전히 테세우스의 배일까? 즉 대상의 원래 요소가 다 교체되었어도 여전히 동일한 대상이라고 할 수 있을까?

이런 질문은 사고 실험으로만 존재하는 게 아니다. 2008년 숭례문이 화재로 누각을 받치고 있는 석축 부분만 남은 채 소실되었을 때 이를 원형대로 복원해도 국보 1호의 지위가 유지될 수 있는지를 두고 논란이 있었다.

같은 질문을 우리 몸에 대해서도 할 수 있다. 우리 몸의 세포는 테세우스 배의 부품처럼 일정 주기에 따라 지속해서 교체된다. 위장 내벽 세포는 2~3일, 피부 세포는 2~3주, 적혈구는 약 4개월 주기로 재생된다. 그렇다면 지금의 몸은 내 몸이라고 말할 수 있을까? 3주 전에도 지금도 여전히 내 피부라고 말해도 될까?

이런 질문에 답을 찾으려면 아주 오랜 시간 고민해야겠지만, 한 가지 확실한 건 자아정체성도 내 몸도 고정된 무언가는 아니라는 사실이다. 누군가는 이 사실에 불안감을 느낄 수도 있다. 나의 실체가 없는 채로 현재를 살고 미래를 꿈꾼다는 건 발이 푹푹 빠지는 뻘밭 위에 성을 쌓는 것처럼 위태롭고 허망한 일일지도 모른다.

하지만 그레고리 번스는 이와 정반대의 주장을 펼친다. 자아가 허구라는 사실을 인정하면 그 순간 새로운 가능성이 열린다. 과거의 경험이나 실수에 얽매이지 않아도 되니 얼마든지 자신이 원하는 모습으로 자신을 재창조할 수 있다. 우리는 자아정체성이라는 허구의 항구에 묶여 있는 배가 아니라 세상과 상호작용하고 새로운 정보를 처리하면서 계속해서 진화하고 변화하며 항해하는 배다.

"내 MBTI는 ISTJ야"라는 말은 인생의 한때 어느 순간 ISTJ였다는 의미다. 이 성향은 영원히 지속되지 않고, 나라는 사람을 규정하거나 정의할 수도 없다. 그런 의미에서 내 MBTI가 두 달 만에 ISTJ에서 ENFJ로 바뀐 건 너무나 당연한 일이다.

"나는 원래 이런 사람이야"가 허상이라는 걸 인정하면 Bd+1이 너무나 쉬워진다. 자아정체성이 허상이라면 내가 속한 영역 역시 애초에 그 실체가 모호하다는 사실을 깨닫게 되기 때문이다. Bd+1은 '원래 그런 나'에서 뚜벅뚜벅 걸어 나와서 변화를 받아들이고 나의 영역을 더 넓히는 일이다. '원래 그런 나'에 갇혀 있던 나의 잠재력을 언락하고 내 한계치를 넓히는 일이기도 하다.

바운더리 플러스 원으로
경계를 확장하고 한계를 뛰어넘는다

국내 모 기업이 글로벌 데이터센터의 공조 관련 계약을 줄줄이 성사시켜 화제가 되었다. 공조 시스템 시장점유율이 60~70퍼센트에 달하던 선두 기업을 제치고 이 기업이 약진할 수 있었던 이유는 무엇일까.

5~6년 전부터 이 기업의 HRHuman Resource 교육에 강사로서 참여하고 있는데, 흥미로웠던 사실은 HR 팀이 교육 평가 기준을 혁신적으로 개편했다는 점이다. 강사 만족도와 같은 기존의 구태의연한 지표에서 실용성·업무 관련성·현장 적용도 등 실질적 가치를 측정하는 프레임워크로 전환했다. 이러한 근본적인 체질 개선 덕분에 이 기업의 HR 교육은 다른 기업과 차별화된 방향성과 성과를 보인다. 이 기

업에서 또 하나 인상적이었던 것은 이 기업이 내게 요청한 교육 목표였다. 제품 영업 담당자들의 마인드가 서비스 및 솔루션 담당자의 마인드로 바뀔 수 있게 도와 달라는 것이었다. 이는 "우리 제품은 이런 기능이 있습니다"를 어필하여 판매를 유도하는 방식에서 "귀사의 문제를 이렇게 해결해 드리겠습니다"라는 방식으로 바꾸겠다는 뜻이다. 당장 실적에 급급하기보다 파트너사의 니즈를 파악해 문제를 해결하고 장기적인 가치를 제공하여 지속적인 관계를 형성하겠다는 뜻이기도 하다. 한마디로 영업의 접근 방식을 완벽히 전환하겠다는 의지였다.

이 기업이 글로벌 데이터센터의 공조 관련 계약을 연달아 수주한 데는 이렇게 영업의 영역을 서비스와 솔루션 영역에까지 확장하는 Bd+1의 마인드가 있었기 때문이다. 영업 담당자들을 5년 이상 이런 방식으로 교육한 결과가 이제 와 꽃을 피운 것이다.

한 우물만 잘 파도 인재 소리를 듣던 시기가 있었다. 하지만 오늘날은 마운드와 타석 양쪽에서 최고의 기량을 뽐내는 이도류, 오타니 쇼헤이 같은 선수가 각광받는 때다. 변화는 빨라지고 변동성은 커지며 해결할 문제는 점점 복잡해지는 시대에는 단 하나의 관점으로는 혁신적인 결과물을 내기 어렵다. 자기 영역에서 한 발짝 내딛는 Bd+1의 태도가 없으면 자기 영역에서마저 전문성을 유지하기 힘들어진다.

〈겨울왕국 2 Frozen 2〉에서 엘사의 캐릭터 작업을 맡은 애니메이터 윤나라는 엘사의 내면을 동작으로 생생히 표현하기 위해 현대무용에서 많은 영감을 받았다고 한다. 특히 현대무용의 창시자로 불리는 마사 그레이엄 Martha Graham의 스타일을 엘사의 안무에 적용하기 위해 실제 무용가를 섭외하는 것은 물론이고 개인적으로도 수많은 연구를 했다고 밝혔다. 이 사실을 알고 나면 더는 허무맹랑한 일을 '만화 같다'라고 표현하지 못하게 된다.

이는 영화 〈인사이드 아웃 Inside Out〉에도 해당하는 이야기다. 감정과 기억의 작동 방식을 뇌과학적으로 정확하게 표현해 호평받은 이 영화는 감정 연구의 권위자 폴 에크먼 Paul Ekman, 대처 켈트너 Dacher Keltner와 무려 5년에 걸쳐 협업해 스토리를 개발했다.

〈인사이드 아웃〉을 제작한 픽사는 스토리나 영화의 기본 아이디어를 아웃소싱하지 않고 자체 개발하는 걸로 유명한데 이렇게 되기까지는 사내 교육 기관인 픽사 대학을 운영

한 덕이 크다. 마술부터 과학까지 아우르는, 분야를 가리지 않는 다양한 커리큘럼이 〈인사이드 아웃〉이라는 영화를 탄생시킨 씨앗이다.

2021년 말, 사람과 매우 비슷한 표정을 짓는 휴머노이드 로봇, 아메카Ameca가 등장해 세상을 깜짝 놀라게 한 일이 있었다. 아메카는 인간의 얼굴 근육을 모방한 43개의 독립적 구동 장치를 통해 눈썹이나 입술을 미묘하게 움직여 자연스러운 표정을 지을 수 있다. 챗GPT 기반의 자연어 처리 기술을 탑재해 인간과 대화를 나눌 수도 있는데, 로봇이 세상을 지배하리라 보느냐는 질문에 "우리는 인간을 대체하려는 것이 아니라 인간을 돕기 위해 존재한다"라고 답해 화제를 모으기도 했다. 아메카를 만든 주역은 영국 콘월에 본사를 둔 엔지니어드 아츠Engineered Arts 소속 연구원 35명이다. 한때 스타트업 투자자들 사이에서 이 연구팀이 굉장히 유명했는데, 연구소 책장 절반이 의학 서적으로 채워져 있었기 때문이다. 아메카가 인간의 표정 변화를 어떻게 그렇게 미세한 부분까지 따라 할 수 있었는지 책장을 가득 채운 의학 서적이 충분히 설명해 준 셈이다.

현대무용가에게서 영감을 얻은 〈겨울왕국2〉의 애니메이터, 뇌과학자와 스토리를 공동 개발한 〈인사이드 아웃〉의 제작진, 로봇의 자연스러운 표정과 움직임을 구현하기 위해 의학과 생물학 연구에 힘을 쏟은 아메카 연구팀. 이들의 공통점은 자신의 전문성에 안주하지 않고 다른 분야로 한 걸음 더 나아갔다는 것이다. Bd+1의 마인드셋으로 이들은 자신의 경계를 확장하고 한계를 뛰어넘는 성과를 이뤄 낼 수 있었다. 안전지대를 벗어난 한 걸음, 한 걸음이 혁신으로 이어지는 길을 낸 셈이다.

지금 필요한 건
안전지대에서 한 발짝 디딜 용기

구글 퇴직 당시에 주변에서 가장 많이 받은 질문이 있다.

"그러면 이제 어디로 가시나요? 페이스북?"

페이스북이 아니라 애플이나 아마존의 이름을 대는 사람도 있긴 했지만, 구글을 나오면 당연히 다른 테크 회사로 가겠거니 예상했다는 점에서 결국은 같은 반응이었다.

구글 재직 시 나의 핵심 업무 중 하나는 국내외 유수의 파트너사 CEO들을 만나고, 그들의 경영진이 CEO와 같은 전략적 시각을 공유할 수 있도록 도우며, 이 과정에서 경영진의 비즈니스 과제를 함께 해결하는 것이었다. 그러다 보니 기업을 혁신으로 이끄는 사람들은 무엇이 다른지 보고 듣고 배울 기회가 많았다. 내가 채 다듬어지지 않은 의견을 제안하면 실제 시장은 그렇게 작동하지 않는다며 따끔한 가르침을 주는 분들도 있었다. 이런 경험이 모이고 쌓여 지금의 일을 시작하게 되었다.

오랫동안 신나게 일했고 잘한다고 인정도 받았던 안전지대에서 벗어나 언바운드랩을 이끌게 된 건 어찌 보면 갑작스러운 전직이 아니라 그간의 배움으로 품게 된 문제들을 더 정확하게 풀기 위한 Bd+1인 셈이다. 오랫동안 신나게 일했고 잘한다고 인정도 받았던 스타트업 창업자들을 직접 만나 보니 Bd+1이 생각만큼 쉽진 않다는 걸 절감한다. 자신의 현업 경험과 전문성을 기반으로 창업하였으면 특히나 더 그렇다. 현직에 있을 때 일 잘한다고 소문이 자자했던 이들이 창업한 스타트업은 수월하게 시장에 진입해 초기부터 안정적인 성장을 달성한다. 아마도 기업 가치가 5,000억 원이 넘을 때까지는 순탄하게 성장할 것이다. 하지만 그 이상으로 커 가는 데는 현업 경험이 그리 중요한 요소가 아니다. 토스나 쿠팡이 그 대표적인 예다. 이승건 CEO나 김범석 CEO는 자신의 현업 경험 및 전문성과는 전혀 관련이 없는 분야에서 창업해 최고 수준의 기업 가치를 달성했다.

스타트업 창업에만 해당하는 이야기가 아니다. 지금 어

느 자리, 어떤 위치에 있든 자기 영역에서 일 잘한다는 평가에 안주해서는 안 된다. '자기 분야 넘버원' 자리를 지키려는 노력도 중요하지만, 자기 분야를 중심에 둔 시선에서 조금만 벗어나 융합적인 관점으로 문제를 해결해 보려는 Bd+1의 마인드셋이 없으면 어느 순간 그 넘버원의 자리도 지킬 수 없게 된다.

아주 작은 일부터 시작해 보자. 내 옆자리 동료가 무슨 일을 하는지 관심을 가져 보면 내 일과 어떤 연결 지점이 있는지 보이면서 내가 하는 일이 새롭게 정의될 것이다. 출근길이나 산책길이 매일 같은 사람이라면 아주 조금만 에둘러 가거나 다른 길을 선택해 보는 것도 도움이 된다. 이런 작은 변화가 뇌에는 커다란 환기 효과를 불러온다. 평소 관심 없던 분야의 강연이나 전시회에 가 본다거나, 새로운 분야의 인사이트를 얻을 수 있는 SNS 계정을 팔로우한다거나, 다른 분야의 뉴스 레터를 구독해 보는 것도 좋다. 내게 편안함과 익숙함을 주는 영역에서 한 걸음만 벗어나면 시야를 넓히고 새로운 연결고리를 만들 수 있다.

'자기 분야 넘버원'이 되기란 쉽지 않지만, 거기 안주해서도 안 된다. "어제의 성공 공식이 내일의 실패 요인이 될 수도 있다"는 피터 드러커의 말은 어느 시기에나 귀 기울여 들을 진리다. 자신의 안전지대에서 한 발짝 벗어나고, 자신의 한계에서 한 발짝 더 나아가는 사람만이 급변하는 시대에도 휩쓸려 떠내려가지 않고 계속해서 앞으로 나아갈 수 있다. 닐 암스트롱이 달 표면으로 디딘 첫발이 인류에게 거대한 도약이 되었듯 안전지대 밖으로 디딘 단 한 발짝, Bd+1은 자기 혁신의 도약이 될 것이다.

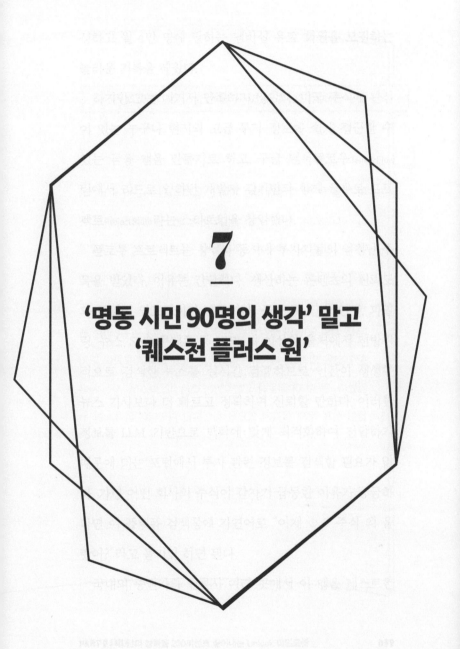

7

'명동 시민 90명의 생각' 말고 '퀘스천 플러스 원'

클로드 3.5 소넷이 요약한 7장 미리보기

이 장은 한 번 더 질문하는 '퀘스천 플러스 원(Q+1)'의 중요성을 강조하고 있다. 저자는 '립스틱 효과'와 관련된 사례를 들며, 팬데믹 시기 립스틱 판매 부진의 원인을 단순히 마스크 착용으로만 결론짓지 않고 추가 질문을 통해 AR 기술이라는 혁신적 해결책을 도출한 경험을 공유한다.

'명동 시민 90명의 생각'이란 누구나 0.01초 만에 할 수 있는 뻔한 대답을 의미하는데, 이는 깊이 있는 문제 해결에 도움이 되지 않는다. 한 번 더 질문하고 생각하는 Q+1 마인드셋을 가진 사람들이 실제 문제 해결에 필요한 독창적인 아이디어를 제시할 수 있다.

특히 누구나 평균적인 완성도에 도달하기가 쉬워진 AI 시대에는 단순히 열심히 하는 걸 넘어 지속해서 질문하는 자세가 필요하다. 첫 번째 생각에 안주하지 않고 반복적으로 "왜?"라고 물으며 더 나은 해결책을 찾아가는 것이 무엇보다도 중요해진다.

쓸 만한 아이디어는
한 번 더 질문하고 생각해야 나온다

'립스틱 효과Lipstick effect'라는 말이 있다. 경제 불황에 다들 지갑을 닫는 상황에서 립스틱과 같은 작은 사치품의 판매는 오히려 증가하는 현상을 가리킨다. 립스틱은 하나 더 사도 그만, 안 사도 그만인 일종의 사치품이지만 가격이 부담스럽진 않다. 이런 작은 사치품을 사는 행위는 주머니 사정이 가벼워도 삶의 질은 여전히 잘 유지되고 있다는 만족감과 안도감을 준다.

이런 립스틱 효과가 힘을 발휘하지 못한 때가 있었다. 바로 팬데믹 기간이다. 왜 이때 유독 립스틱 판매가 부진했을까? 맞다, 마스크 때문이다. 마스크 착용이 일상화되면서 자연스레 립스틱에 대한 관심도가 낮아지고 구매 욕구도 떨어진 것이다.

그런데 만일 당신이 뷰티 업계 관계자라면 왜 립스틱이 안 팔리냐는 질문에 뭐라고 대답할까. 여전히 마스크 때문이라고 답할 수 있을까. 마스크로 인한 판매 부진은 이 천재지변과도 같은 상황이어서 지나가길 바라는 것 말고는 뾰족한 수가 없다. 하지만 립스틱이 잘 안 팔리는 이유가 전적으로 마스크 때문만은 아닐 것이다. 마스크 착용 여부와 관계없이 립스틱 구매를 꺼리는 다른 이유가 있다는 사실에 주목하면 매출을 일부라도 반등시킬 여지가 생긴다.

당시는 내가 구글 커스터머 솔루션 팀의 팀장으로 일하던 때였다. 파트너사인 글로벌 코스메틱 브랜드가 주력 상품인 립스틱의 판매 부진으로 어려워지자, 팀원 하나가 이를 AR 기술로 해결해 보자는 아이디어를 떠올렸다. 사용자가 스마트폰으로 온라인 쇼핑몰에 접속해 립스틱 색상을 선택하면 화면에 자기 얼굴이 뜨면서 입술에 해당 립스틱 색상이 얹어지는 기술이다. 코로나19가 불길처럼 번지던 시기, 매장 내 비치된 테스트 제품을 자기 입술에 직접 발라보기 꺼림칙했던 여성들을 위해 절묘한 해결책을 생각해 낸 것이다.

이 팀원이 "왜 립스틱이 잘 안 팔릴까"라는 질문에 무조건 "마스크!"라고 대답하는 유형이었다면 과연 이런 방법을 떠올릴 수 있었을까. 삼척동자도 아는 당연한 질문에 당연한 답변만 해서는 문제를 해결할 수 없다. 0.01초 만에 머릿속에 떠오르는 생각은 사실 90퍼센트가 쓸모없다고 생각하면 된다. 쓸 수 있는 아이디어는 한 번 더 질문하고 한 번 더 생각해야 나온다. 마스크 때문인 게 맞지만, 정말로 그게 전부일까? 마스크 때문만은 아니라면 혹시 립스틱 색상을 테스트하기 어려워서는 아니었을가? "왜 립스틱이 안 팔릴까"라는 질문에 이렇게 두 번, 세 번 더 깊이 질문해 본 사람만이 상투적이지도 뻔하지도 않은 해결책을 내놓을 수 있다.

Z세대부터는 잘 모를 텐데, "명동을 지나는 시민 100명에게 물었습니다"라는 말이 TV에 자주 등장하던 때가 있었다. 90년대 초중반 명동은 젊은이들의 패션 메카이자 문화의 중심지로 서울에서 가장 번화하고 트렌디한 장소였다. 그런 만큼 어떤 사안에 대해 시민들의 생생한 목소리를 들어야 할 때 방송사나 신문사가 카메라를 들고 나서는 곳이 바로 명동이었다. 여기서 나온 말이 "명동을 지나는 시

민 100명에게 물었습니다"다. 구글 폼 설문조사의 오프라인 버전인 셈이다.

만일 내가 명동 거리를 지나고 있는데 누군가가 마이크를 들이대고 질문을 한다면 어떨까. 마침 늘 고민해 오던 질문이었다면 모를까, 대개는 머릿속에 0.01초 만에 떠오른 생각을 말할 수밖에 없다. "명동을 지나는 90명의 시민이 이렇게 답했습니다"라는 결론이 도출되는 방식이다. 그래서 '명동 시민 90명이 할 법한 말'은 누구나 동의할 만한 상식적이고 당연한 의견이라는 뜻도 되지만, 한편으로는 뻔하고 상투적이고 깊이가 없는 의견이라는 뜻으로도 쓰인다.

내가 상투적이고 뻔한 사람인지, 기발하고 독창적인 사람인지 테스트하고 싶다면 내 의견이 어느 쪽인지 생각해 보면 된다. 명동 시민 90명이 답할 만한 의견인가, 아닌가. "왜 립스틱이 잘 안 팔릴까요?"라는 질문에 대한 당신의 답이 "마스크 때문에요!"라면 문제 해결 능력이 명동 시민 90명에 해당한다고 보면 된다.

10퍼센트의 사람들은 어떻게 생각할까. 그들이라고 맨처음 떠오르는 답이 '마스크'가 아닐 리 없다. 하지만 그들은 한 번 더 질문한다. '마스크는 너무 뻔한 답 아닐까? 마스크 말고 다른 답을 찾아볼 순 없을까?' 한 번 더 질문하고, 한 번 더 생각해 보는 '퀘스천 플러스 원Question plus One(이하 'Q+1')'의 마인드셋을 지녀야만 명동 시민 90명이 할 법한 뻔한 생각에서 벗어나 실제 문제 해결에 적용할 독창적인 아이디어가 나온다.

질문하지 않으면
잠재력을 Unlock할 수도 없다

정부의 정책 간담회에 참석하게 되면 요즘 가장 많이 듣는 질문은 "AI 시대에 사라질 직업군이 무엇일까?"다.

AI 시대에 사라질 직업군을 굳이 묻는다면 내 대답은 늘 이렇다. AI의 영향을 받지 않는 직업군은 거의 없을 거라고. 그런데도 살아남는 유형은 반드시 있는데, 인사고과를 잘 받아 현재 고위직에 있는 사람이 아니라 당면한 문제를 어떤 방식으로든 해결해 내는 사람, 명동 시민 90명이 할 법한 생각이 아니라 Q+1을 할 수 있는 사람이 바로 그런 유형이라고.

내가 가장 경계하는 것이 척 보면 안다거나 하나를 보면 열을 안다는 생각이다. 질문하지 않는 사람은 그런 고정관념을 지니게 될 위험이 매우 크다. 스타트업 투자 심사를 할 때 투자 가치가 없다고 판단되면 아예 질문을 안 하는 심사역이 있다. 어차피 투자 안 할 텐데 군이 힘을 들여 질문하고 답변을 들을 이유가 없다고 생각하는 것이다. 하지만 나는 피치Pitch 한 번으로는 그 회사의 가치를 다 알아볼 수 없다고 본다. 내가 발견하지 못한 부분이 있는지 점검하기 위해 심사받는 팀에게 그리고 나 자신에게 두 번, 세 번 더 질문한다.

그래도 투자하기 어렵다고 판단된다면 이번에는 그 팀이 미처 생각하지 못했을, 더 성장하도록 도울 만한 질문을 또 던진다. 우리가 투자하지 않기로 한 이유도 반드시 밝힌다. 그러고서 이렇게 덧붙인다.

"제가 말씀드린 이 부분을 대표님께서 받아들여 함께 해결할 마음이 있으시다면 앞으로 더 자주 뵙고 싶습니다."

내가 이렇게 하는 이유는 우리가 하는 투자 심사가 일반 금융기관의 투자 심사와는 달라야 한다고 믿기 때문이다. 투자액 대비 보장되는 이익이 아니라 우리와 함께 성장할 수 있는 팀인가가 심사의 기준이 되어야 한다고 보기 때문이다. 그러려면 하나를 보면 열을 안다는 마음이 아니라 열을 보려면 열을 질문해야 한다는 마음으로 접근해야 한다. 그래야만 남들이 보지 못하는 기회, 시장 상식에 도전하는 혁신적인 아이디어를 발견할 수 있다.

그냥 열심히 하는 사람과
한 번 더 질문하는 사람의 차이

설치미술가 박선기는 '3차원 수묵화'로 불리는, 숯을 공중에 매다는 독특한 작품들로 국제적인 명성을 얻은 작가다. 최근에는 숯 대신 아크릴 비즈를 매단 시리즈를 선보이기도 했는데, 서울신라호텔의 샹들리에도 그의 작품이다. 자그마치 5만여 개의 아크릴 비즈를 낚싯줄로 천장에 매달아 압도적인 아름다움을 선사한다.

박선기 작가의 작품 세계를 특별하게 만드는 요소는 매단다는 행위에 있다. 여느 설치미술과 달리 그의 작품은 바닥이 아닌 공중에 전시된다. 콘텐츠 구독 서비스 '롱블랙 Longblack'에 실린 박선기 작가의 인터뷰를 보니 그 독특한 아이디어의 근원을 대강이나마 짐작할 수 있었다. 좋은 작품이 무엇이냐는 질문에 그는 깊이감 있는 작품이라고 답하면서 '첫 생각'에 안주하지 않아야 한다고 강조한다. 깊이감 있는 작품이란 처음 떠오른, 누구나 쉽게 떠올리는 생각으로 만든 게 아니라 수없이 생각을 반복하고 발전시켜 만든 것이라면서, 더 나은 결과물은 언제나 영감이 아니라 반복에서 나온다고 말한다.

구글 재직 시절, 나는 의사결정을 하기 전 동료와 선후배들에게 최대한 많은 의견을 들어보려 늘 애를 썼다. 왜 그랬을까. 흔하고 뻔한 의견이 아니라 독창적인 관점이 필요했기 때문이다. 내게는 박선기 작가처럼 '첫 생각'에 안주하면 안 된다는 강박 같은 것이 있다. 누구나 쉽게 떠올릴 뻔하디뻔한 아이디어, 명동 시민 90명이 낼 법한 흔하고 안일한 의견을 내가 버젓이 입 밖으로 내뱉고 있진 않은지 늘 점검한다.

이때 필요한 것이 바로 Q+1의 내재화다. 번쩍 좋은 아이디어가 떠오르는 때라도 이것이 정말로 문제 해결에 유효한가, 누구나 흔히 생각하지 못할 독창적인 생각이 맞는가, 묻고 또 묻는다. 더 나은 결과물은 언제나 영감이 아니라 반복에서 나온다는 박선기 작가의 말은 예술뿐 아니라 어디에서나 통한다.

AI의 도입으로 누구나 평균에 도달하기가 쉬워졌다. 미드저니나 달이DALL-E와 같은 AI 도구를 쓰면 아마추어도 웬만한 프로 수준으로 이미지를 만들 수 있다. 사회 초년생도 챗GPT의 도움을 받으면 업무 메일이나 보고서를 제법 능숙하게 쓸 수 있고, 악보 하나 볼 줄 몰라도 뮤버트Mubert를 사용하면 스티브 레이시Steve Lacy 스타일의 곡을 만들 수 있다. 결국 평균 언저리의 생각과 관점은 AI로 대체될 것이다. 이런 시대에 누가 평균을 벗어나 정상에 이를 수 있을까. 그냥 열심히만 하는 사람이 아니라 한 번 더 묻는 사람이다.

평이하고 평균에 가까운 답변을 재빨리 도출하는 게임에서 사람은 AI의 상대가 되지 못한다. 따라서 AI가 일상 깊이 파고들수록 정답을 빨리 말하는 능력은 중요하지 않게된다. Q+1을 내재화하지 않으면 조만간 AI만큼의 경쟁력도 갖추지 못하게 된다는 이야기다.

그렇다면 Q+1을 어떻게 내재화할 수 있을까. 모든 순간 "왜?"라고 자신에게 물어야 한다. 정해진 한계는 없다. 어제 두 번 질문했다면 오늘은 세 번 질문하고, 내일은 네 번 질문하리라 다짐해야 한다. "유레카"를 외치게 되는 순간은 갑자기 찾아오는 것처럼 보이지만, 실은 Q+1이 반복되고 또 반복된 결과일 것이다.

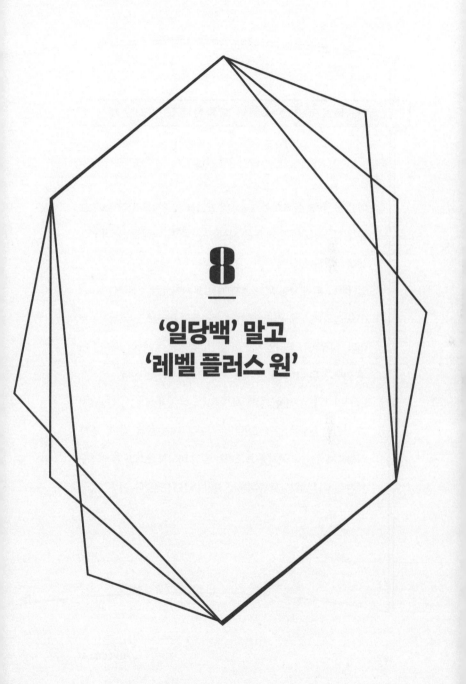

8

'일당백' 말고
'레벨 플러스 원'

이 장은 '레벨 플러스 원(Lv+1)'의 개념을 설명하고 있다. Lv+1은 현재 직급보다 한 단계 높은 시선에서 업무를 재정의하는 마인드셋을 의미한다.

일당백이 두세 사람 몫을 혼자 빠르게 처리하는 것이라면, Lv+1은 자신의 업무를 한 단계 높은 수준에서 바라보고 수행하는 것이다. 일당백이 되려면 야근이 불가피하지만, Lv+1이 되려면 하루 한두 가지 업무라도 더 높은 수준으로 달성하면 된다.

Lv+1의 핵심은 직상급자의 시선에서 업무를 바라보고, 직상급자가 고민할 부분을 함께 고민하는 것이다. 예를 들어 플랫폼 장애 상황에서, 단순히 문제를 보고하는 것이 아니라 손해액 추산과 구체적인 해결 방안까지 준비하는 것이 Lv+1의 태도다.

결국 Lv+1은 '상냥한 마음'으로 귀결된다. 함께 일하는 사람의 입장에서 생각하고, 그들이 더 효율적으로 일할 수 있도록 배려하는 것이다. 이러한 태도는 일상의 모든 순간에서 실천해야 하며, 후천적으로 키울 수 있는 역량이다.

한 계단 높은 시선에서 업무를 재정의하라

2024년 초 구글을 퇴사하면서 함께 일했던 동료들에게 메시지를 보냈다.

첫째, 나는 구글이 이런 회사이길 바란다. 대학생들이 막연히 입사를 희망하는 회사보다 퇴사했던 직원이 다시 돌아가고 싶어 하는 회사, 아침에 출근할 때 얼른 가서 일하고 싶은 마음이 드는 회사. 구글이 이런 회사가 되는 데 내가 일조할 기회가 이젠 없어 참 아쉽다.

둘째, 아주 작은 의사결정이라도 투명하고 책임감 있게 하길 바란다. 워런 버핏은 비판적인 기자가 지역 신문 1면에 당신의 행동을 상세히 보도해 가족과 친구들이 그걸 다 알게 된다고 상상할 때 불편한 기분이 든다면 그 행동은 하지 말아야 한다고 했다. 이런 기준을 내재화하면 법은 물론이고 양심에도 어긋나지 않는 의사결정이 가능할 것이다.

그리고 세 번째로 언급한 내용이 '일당백'이 아니라 '레벨 플러스 원Level plus one(이하 Lv+1)'이 되려 노력하자는 것이었다.

유튜버 뉴욕주민이 강연 자리에서 한 대학생에게 이런 질문을 받았다.

"주니어 시절, 다른 애널리스트 동기들 사이에서 돋보이려 어떤 노력을 하셨나요?"

이 질문에 뉴욕주민은 자신의 사수가 해 준 "보스처럼 생각하면서 일하라"라는 말을 떠올렸다고 한다. 신입 애널리스트라면 어소시에이트Associate의 시선으로, 어소시에이트라면 VP Vice President의 시선으로, VP라면 디렉터의 시선으로 생각하며 일하라는 뜻이다. 이렇게 자기 직상급자의 시선으로 자기 업무를 바라볼 줄 알아야 전체 업무에서 자신이 어떤 역할을 하는지 그 맥락을 더 풍부하게 이해해 그다음 단계까지 내다보며 일할 수 있다.

뉴욕주민의 '보스의 시선으로 생각하고 일하기'는 구

글에서 강조하는 원칙이자, 내가 평소 가장 중요시 해 온 Lv+1의 개념과 정확하게 일치한다. Lv+1이란 현재 직급보다 딱 한 계단 높은 시선에서 자기 업무를 재정의하는 마인드셋이다.

'일당백'이라는 개념과 비교하면 Lv+1의 뜻이 더 명확해진다. 누군가 "너는 일당백이야"라고 한다면 그건 아마도 엄청난 칭찬일 것이다. 하지만 나는 일당백이 아니라 늘 Lv+1이고자 노력한다. 나와 함께 일할 직원도 일당백이 아니라 Lv+1에서 선발한다. 일당백, 즉 혼자서 두세 사람 몫을 한다는 건 무슨 뜻일까. 역량이 엇비슷한 두세 사람이 할 일을 혼자 해 낸다는 것이다. 결국은 속도가 빠르다는 말이다. 반면 Lv+1은 자신의 직급보다 한 단계 더 높은 역량을 발휘한다는 뜻이다. 이는 속도전의 프레임에서 벗어나 자기 업무를 재정의해야만 가능한 일이다.

일당백을 하려면 비결은 하나다. 일을 더 많이 하는 수밖에 없다. 사람의 생산성에는 한계가 있으므로 아무리 머리가 좋고 손이 빠르고 업무 프로세스가 효율적이어도 두세 사람의 몫을 혼자 해 내려면 야근을 피할 길이 없다. 하지만 Lv+1은 하루에 한두 가지 업무라도 자기에게 요구되는 것보다 한 단계 더 높은 수준으로 달성하려 노력하기만 하면 된다.

같은 역량을 지닌 두 사람이 각각 일당백과 Lv+1을 목표로 일한다면 2~3년 뒤 무슨 일이 벌어질까. 일당백을 하는 사람은 엄청난 양의 일을 해 냈을 테고, 그만큼 역량도 성장했을 것이다. 그러나 Lv+1을 하는 사람의 역량을 따라잡진 못한다. 이런 이유로 구글은 승진 여부를 결정할 때 대상자가 Lv+1의 역량을 얼마나 보였느냐를 중점적으로 살핀다. 가령 레벨 3 정도에 해당하는 직원이 레벨 4에 해당하는 역량을 매우 자주 보였다면 기꺼이 레벨 4로 승진시킨다. 구글뿐 아니라 어느 조직에서든 자신의 레벨보다 한 단계 더 높은 역량을 발휘해야 자신의 가치를 높일 수 있을 것이다.

누가 레벨 플러스 원이 되는가

플랫폼 회사의 가장 큰 악몽은 플랫폼 오류로 인한 접속 장애일 것이다. 만일 어떤 플랫폼 회사에 이런 일이 생겼다면 직원들은 어떻게 대처할까.

팀원 A는 당장 팀장에게 달려와 보고한다.

"팀장님, 큰일 났습니다. 지금 우리 플랫폼 접속 장애로 사용자들이 난리가 났습니다."

팀원 B도 약간의 시차를 두고 팀장을 찾는다.

"팀장님, 이번 사태로 인한 손해액이 ○○ 정도로 추산됩니다."

보고받는 팀장 머릿속은 분주해진다. 생각보다 손해가 엄청나다고 생각하는 순간, 팀원 C로부터 메시지가 온다.

"팀장님, 제 담당 영역에서 손해액은 ○○이지만, 팀 단위로는 금액이 ○○○으로 늘어납니다. 일단 손해를 최소화할 방법을 찾는 일이 가장 시급합니다. 제가 회의 안건을 다음과 같이 구성해 보았으니 팀장급 회의를 소집해 보시는 게 어떨까요? 필요하시다면 제가 회의에 참석해 해당 안건을 설명하겠습니다."

셋 중에 Lv+1에 해당하는 팀원은 누구일까. 팀원 A나 B와 같은 유형은 실제 기업에서 매우 흔하다. 문제가 발생한 즉시 상사에게 보고하고 지시 사항을 따르는, 정확히 자기 레벨만큼의 업무 역량을 보이는 사람들이다. 반면 팀원 C는 회사 내에서 매우 드물고 희귀한 유형에 속한다. 그는 자기 레벨보다 한 단계 높은 시선으로 사태를 파악하고, 해결책을 모색하는 사람이다. 팀장이 아무런 지시를 내리지 않은 상황에서 팀장이 고민할 몫을 기꺼이 떠안아 해결하려고 한 전형적인 Lv+1이라 할 수 있다.

그런데 팀원 C가 없는 조직이라면? 팀원 가운데 아무도 C와 같은 Lv+1의 역량을 발휘하지 못한다면? 이때는 팀장이 Lv+1의 역량을 발휘할 차례다. 평소 자기 레벨보다 한 단계 위의 통찰을 종종 보이던 팀원 D에게 Lv+1의 역할을 하도록 메신저로 지시한다. 즉, 팀 단위의 손해액이 얼마이며 현시점에서 가장 시급한 과제는 무엇이고, 이를 어떻게 해결할 것인지 구체적인 '대본'을 써서 팀원 D에게 보낸 다음 이를 팀 메신저 방에 마치 팀원 D의 아이디어인 것처럼 공유하라고 한다. 그런 다음 팀장은 메신저 방에서 팀원 D를 한껏 추켜세운다.

"D 님, 팀 전체 차원에서 이번 문제의 해결책을 고민해 주셔서 정말로 감사합니다. 제안해 주신 대로 회의 소집하겠습니다. D 님도 회의에 참석해 주시면 큰 도움이 될 듯합니다."

그러면 무슨 일이 벌어질까. '다음에 이와 비슷한 문제가 발생하면 팀원 D와 같은 역량을 발휘해야 한다'라는 메시지가 모든 팀원의 뇌리에 선명하게 새겨진다. 그러면 또 무슨 일이 벌어질까. 모든 팀원이 Lv+1이 되려 노력하게 된다. 즉, 근시안적으로 자기 업무를 빨리빨리 해치울 생각만 하는 게 아니라 팀장의 시선으로 팀장의 고민을 발견하고 이를 해결하는 데 몰두하게 된다.

팀원이 Lv+1의 역량으로 팀장의 일을 덜어 주면 팀장도 자기 직상급자의 일을 떠맡을 여유가 생긴다. 이런 선순환

이 자리 잡은 회사에서는 상사가 호출한다고 "가뜩이나 바빠 죽겠는데 또 무슨 일을 시키려고 부르나" 하고 짜증을 내는 부하직원이 없다. 자기 몫의 고민은 자신의 부하직원이 하고 있으니 바쁠 일이 없고, 자신은 이미 상사의 고민을 대신하고 있었던 터라 상사의 호출이 부담스럽지 않다.

"자리가 사람을 만든다"라는 말이 있다. 역량이 있든 없든 어떤 자리에 오르면 그에 요구되는 책임감과 역할을 자연스럽게 감당하게 된다는 말이다. Lv+1은 이와 비슷하면서도 다르다. 실제 한 단계 높은 자리에 오르진 않았지만, 그 자리가 요구하는 역량을 능동적으로 수행해 자신을 더 성장시키는 방법이다.

할 수 있어서 그 일을 한 게 아니라 어떤 일을 하다 보니 결국 할 수 있게 되는 경우가 많다. Lv+1을 너무 어렵게 생각할 필요는 없다. 나보다 한 단계 더 높은 시선으로 내 역량을 끌어올리려 노력하다 보면 반드시 그 수준에 실제로 도달하는 때가 온다.

레벨 플러스 원은 결국 상냥함이다

강연에서 청중의 집중도와 참여도를 끌어올리고 청중과 즐겁게 소통하기 위해 내가 종종 쓰는 방법이 있다. 질문 폭탄, 선물 폭탄이다. 내 할 말만 일방적으로 전달하는 게 아니라 시간이 허락하는 만큼 청중에게 최대한 많은 질문을 하고, 정답을 맞혔든 아니든 용기 내서 답변한 모든 분에게 기프티콘을 보내 드린다. 이때 기프티콘을 받을 분에게 추가 질문을 드린다.

"여기 제 명함에 적힌 번호로 '치킨' 또는 '피자'라고 메시지 보내주시면 됩니다. 문자, 카톡, 디엠 중 어떤 플랫폼으로 보내시겠어요?"

그러면 대부분이 문자 메시지로 보내겠다고 답한다. 아

마 카톡은 더 친밀한 사이에나 허용되는 소통 방식이라고 생각하는가 보다. 강연자와 청중으로 만난 사이에 불쑥 카톡으로 메시지를 보내는 것이 결례라고 여겨질 수도 있겠다. 하지만 한 강연에서만 많게는 열 개도 넘는 기프티콘을 보내야 하는 나로선 어떨까. 내가 어떤 플랫폼으로 연락하겠느냐고 묻는 건 이런 대답을 기대하기 때문이다.

"대표님이 기프티콘 보낼 때 어떤 방식이 가장 간편할까를 생각해 보면 카카오톡이네요."

안타깝게도 이런 답변은 아주 드물게 나온다. 어쩌다 카톡으로 보낸다는 분이 있어도 그 이유를 물으면 내 프로필 사진이나 상태 메시지가 궁금해서라는 대답이 돌아온다.

이 사례는 어떻게 하면 Lv+1이 될 수 있는지를 바로 보여 준다. 플랫폼 회사의 사례를 들어 Lv+1의 개념을 설명하니 자칫 Lv+1이 도달하기 어려운, 매우 엄청난 역량으로 느껴질 수도 있다. 직상급자의 마음속에 들어갔다 나오지 않는 이상 저런 방식으로 일할 수 있나 생각할 수도 있지만, 사실 Lv+1의 태도는 그리 거창한 것이 아니다. 개발자 방식으로 말하자면 '유저 프렌들리user friendly', 즉 사용자 친화적으로, 사용자 입장에서 생각해 보면 된다. 즉 역지사지가 필요하다는 이야기다. 그런 의미에서 내게 문자 메시지로 '치킨'이라는 메시지를 보내는 것은 다분히 공급자 편의적인 관점이라 할 수 있다.

메일을 보내든 자료를 공유하든 안건을 내든 나와 함께 일하는 사람 입장에 공감해 어떻게 하면 이들이 번거롭지 않게 시간을 더 효율적으로 사용하며 일할지 한 번 더 생각하는 마음이 Lv+1이다. 가령 지난 메일에서 이미 공유한 자료를 이번에 다시 언급해야 한다면 상대방이 지난 메일을 뒤져서 내용을 다시 보도록 할 게 아니라 해당 자료를 다시 공유하는 식으로 상대방을 배려하는 것이다. 나와 소통하는 상대방이 최소한의 클릭과 스크롤만으로 요지를 파악하고 필요한 자료를 얻을 수 있게 하는 이러한 배려가 Lv+1의 첫걸음이다.

이렇게 상대를 배려하는 태도로 일하는 사람은 당연히 상사와 일하는 태도도 다를 수밖에 없다. 상사가 시키는 일만 아무 생각 없이 간신히 해 내는 게 아니다. 상사의 시선에서 내 업무의 위치와 역할을 재정의하고, 상사가 가장 합리적인 의사결정을 하려면 내가 어떤 일을 어떻게 해야 도움이 될지 정확히 판단한다. 그런 다음 그대로 빠르게 실행한다.

이런 사람은 내게 본인의 연락처를 남겨야 하는, 앞에서 언급한 것과 같은 상황에서 두 번 고민하지 않고 카카오톡을 선택한다. 내가 휴대전화 화면을 최소로 터치해 기프티콘을 보내려면 본인이 어떻게 해야 할지를 최우선으로 고려하기 때문이다.

누군가는 이런 반론을 펼지도 모르겠다. 일할 때는 당연히 나도 상대방 입장이 되어 의사결정을 하려 노력한다, 그런데 딱 한 번 보고 말 강연자에게까지 그런 배려를 해야 할까. 매번 그렇게 살면 너무 피곤하지 않나? 그럴 에너지가 있으면 아껴 두었다가 정말 필요한 순간에 쓰는 게 낫지 않나?

Lv+1이 되는 첫 번째 방법이 '유저 프렌들리'라면 두 번째 방법은 '일상의 모든 순간 유저 프렌들리'다. Lv+1이라는 역량은 조금만 방심하면 흔적도 없이 사라져 버리기 때문에 정작 필요한 순간에는 제대로 활용하지 못한다. 직장 동료나 협력사 직원 등 내게 중요한 사람뿐 아니라 내가 일상에서 만나는 모든 사람을 대상으로 역지사지하며, 배려할 수 있어야 결정적인 순간에 Lv+1으로서의 역량을 발휘할 수 있다.

결국 Lv+1이란 '상냥한 마음'이라고 정의할 수 있다. 더 능력 있는 사람이 되고, 남보다 더 빨리 승진하고, 일 잘한다는 평가를 듣는 데 Lv+1의 마인드셋이 필요한 건 사실이지만, 그 시작은 결국 상냥한 마음이다. 나와 함께 일하는 사람이 더 효율적인 의사결정을 할 수 있도록 내가 할 수 있는 모든 일을 하겠다는 상냥함이 결과적으로 더 강력한 역량으로 이어지는 것이다.

내게는 상냥한 품성이 없다고 걱정할 필요 없다. 와튼스쿨 조직심리학 교수 애덤 그랜트Adam M. Grant는 그의 저서 《히든 포텐셜Hidden Potential》에서 품성이 곧 기량이라고 강조하면서 품성과 성격의 차이점을 설명한다. 성격은 평상시에 어떻게 반응하는지이고, 품성은 어려운 때에 어떻게 대응하는지로 구분할 수 있다. 성격이 타고난 성향이자 원초적 본능이라면 품성은 가치를 우선시하는 역량이자 얼마든지 육성할 수 있는 기량이라는 것이다. 이런 논리라면 상냥한 마음, Lv+1의 마인드셋도 얼마든지 후천적으로 키울 수 있다.

'내가 저 사람이라면 무얼 원할까, 내가 저 사람을 배려

해 무얼 더 할 수 있을까?'

이 질문 하나가 당신을 한 차원 더 높은 역량, 한 단계 더 높은 자리에 데려다 놓을 것이다.

UNLOCK AI

레벨 플러스 원(Lv+1)은 실제 한 단계 높은 자리에 오르진 않았지만, 그 자리가 요구하는 역량을 능동적으로 수행해 자신을 더 성장시키는 방법이다. 이는 속도전의 프레임에서 벗어나 자기 업무를 재정의해야만 가능한 일이다. Lv+1을 너무 어렵게 생각할 필요는 없다. 나보다 한 단계 더 높은 시선으로 내 역량을 끌어올리려 노력하다 보면 반드시 그 수준에 실제로 도달하는 때가 온다.

UNLOCK AI

PART 4

성공 기회는
모습을 바꾸고 다가온다

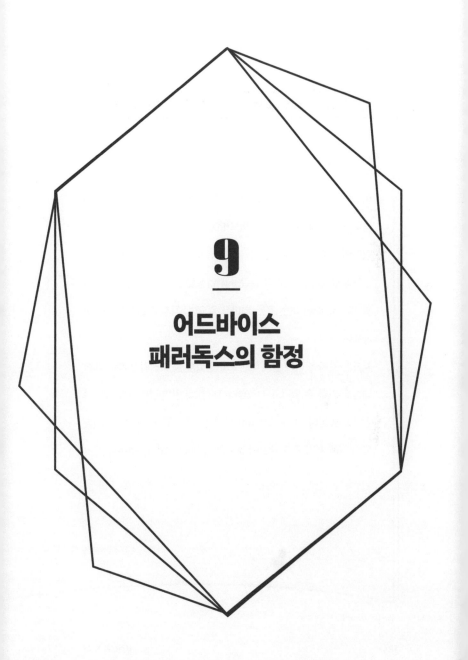

9

어드바이스 패러독스의 함정

클로드 3.5 소넷이 요약한 9장 미리보기

이 장에서는 성공한 사람들의 조언이나 동기 부여가 실제로는 도움이 되지 않을 수 있다는 '어드바이스 패러독스'를 다룬다. 엔비디아의 젠슨 황이나 오픈AI의 샘 올트먼도 자신들의 성공 방식이 남들에게 권했던 조언과 달랐음을 인정했다. 성공한 이들의 방식을 그대로 따라 하는 것은 의미가 없으며, 각자 자신만의 원칙을 세워야 한다.

저자는 동기 부여가 일시적인 효과만 있을 뿐 오히려 실패에 대한 내성을 키울 수 있다고 지적한다. 대신 '내 안의 강아지'를 찾아야 한다고 말한다. 이는 소아마비 환자였던 폴 알렉산더가 강아지를 얻기 위해 자가 호흡 훈련에 성공한 사례에서 착안한 것이다.

원칙은 복잡할 필요 없이 신호등처럼 단순하고 명확해야 한다. 저자는 오픈 채팅방에서 매일 아침 5시 31분에 기상 인증을 하는 단순한 원칙으로 성과를 거두었다. 넷플릭스의 '회사에 이익이 되는 방향으로 행동하라'라는 단일 원칙이나, 무라카미 하루키의 '매일 3시간 글쓰기' 원칙도 좋은 예시다.

투자자로서 저자는 AUM 대신 펄스 레이트를 높이자는 원칙을 세웠다. 이는 단순히 운용 자산 규모만을 늘리는 것이 아니라, 실제로 성장하는 기업에 집중적으로 투자하겠다는 의미다. 이처럼 선명하고 단순한 원칙 하나가 복잡한 전략보다 효과적이라는 것이 핵심이다.

성공을 부르는 공식의 모순

이 책을 집필하면서 남들은 책을 어떻게 쓰나 궁금해져 서점을 들락거려 보았다. 이렇게만 하면 성공한다, 부자 된다, 하는 책이 꽤 많다. 그런데 그런 책을 쓴 저자들이 성공한 사람인가, 부자인가, 생각해 보면 고개가 갸웃해진다. 성공해서, 부자라서 그런 책을 쓴 게 아니라 그 책이 베스트셀러가 되면서 명성도 얻고 부자가 된 사람도 있는 것 같다. 이런 경우 그 사람이 쓴 책을 믿어야 하나 말아야 하나. 이런 걸 자기실현적 예언이라고 해야 할까.

자타공인 성공한 사람이 쓴 책도 물론 있다. 그런데 이런 경우도 미심쩍긴 마찬가지다. 그 사람은 과연 자신이 책에서 밝힌 대로 살았을까? 그것이 성공 비결이 맞을까? 혹시

라도 결과론적인 해석은 아닐까? 우연이나 운이 작용한 결과를 노력의 산물로 슬쩍 뒤바꾼 건 아닐까? 자신조차 실천하지 못한 일을 성공 비결이라면서 남들한테만 하라고 하는 건 아닐까?

말 한마디로 주가를 요동치게 하고 투자 전망까지 뒤바꿔 놓는 인물이 있다. 바로 엔비디아NVIDIA의 젠슨 황Jen-Hsun Huang이다. 나는 새도 떨어뜨릴 그가 자신의 성공은 얼마나 확신했을까. 이에 대한 젠슨 황의 대답은 간단하다.

"이렇게 잘될 줄 나도 몰랐다."

유튜브 채널 'Stanford eCorner'에 공개된 인터뷰에 따르면 그는 변변한 사무실 하나 없이 실리콘밸리의 체인 레스토랑 데니스에서 친구 둘과 함께 엔비디아를 창업했고, 6개월이 흐르도록 할 일이 없어 "오늘 점심은 뭐 먹지?" "냉장고에 도넛 좀 넣어 줄래?"와 같은 이야기로 시간을 보냈다고 한다. 솔직히 말해 사업 계획도 엉망진창이었다고 털어놓는다.

오픈AI의 샘 올트먼은 또 어떨까. 2023년 6월 인도 델리에서 열린 한 행사에서 그는 자신이 와이 콤비네이터 Y combinator 대표였던 시절에 블로그를 통해 스타트업 창업자들에게 했던 조언을 통째로 삭제하고 싶다고 말한다. "제품을 즉시 출시하라, 형편없는 초기 버전이라도 일단 내놓아라, 초기에 적은 자본만 조달하라, 큰 R&D 위험을 감수하지 말라, 즉시 PMF_{Product-Market Fit}(시장적합성)를 찾아라" 등을 조언했지만, 오픈AI의 개발 경로는 이와 전혀 달랐다는 것이다. 오픈AI는 제품도 없이 10억 달러를 투자받았고, 창업 후 4년이 지나서 제품을 출시했다. 그러고도 한동안은 사용자들의 의견을 듣지 않았다. 그가 중요하다고 언급한 일 가운데 뭐 하나 한 게 없는데도 오픈AI는 잘됐다. 한마디로 자신이 주장한 스타트업 성공 공식을 스스로 깨 버린 셈이다.

페이팔_{PayPal}의 공동창업자인 피터 틸_{Peter Andreas Thiel}은 저서 《제로 투 원_{Zero to One}》에서 '제로 투 원'이란 전에 없던 새로움을 창조하는 일이며, 성공한 사람의 '제로 투 원'을 답습해 봤자 그것은 1을 n으로 만드는 일에 불과하다고 말한다. 그런 의미에서 성공한 이들의 충고나 조언은 근본적으로 자체 모순을 지닐 수밖에 없다. 젠슨 황이나 샘 올트먼이 스타트업 창업가에게 주문하는, '모름지기 성공하는 사업이란 이래야 한다'와 같은 말은 그대로 따라 할 수도 없고, 설령 따라 한다고 해도 그들과 같은 성공을 보장해 주지 못한다. 한마디로 '어드바이스 패러독스advice paradox'인 셈이다.

대표적인 어드바이스 패러독스가 회사에는 미션과 비전이 있어야 한다는 말이다. 자신에게 '미션'이나 '비전'이 없어 고민이라는 스타트업 창업자를 종종 만난다. 미션이나 비전은 조직의 방향성을 제시하고 의사결정의 기준을 제공하며 기업 문화를 형성하는 토대가 된다. 무엇보다 구성원들에게 크나큰 동기 부여가 된다. 나 또한 '세상 모든 정보를 체계화하여 모두가 편리하게 이용할 수 있게 한다'라는 구글의 미션에 가슴이 두근거렸던 사람임을 부정하지 않겠다. 하지만 성공한 기업의 미션이나 비전이 초기부터 완벽하게 세팅되었다고 오해하면 안 된다. 이는 성공 선례의 감옥에 갇히고 어드바이스 패러독스의 함정에 빠지는 일이다. 미션이나 비전을 고민하기 이전에 혁신적인 결과물부터 내야 한다. 낡은 조언에서 벗어나 이제 나만의 '제로 투원'을 만들어 갈 시간이다.

나를 일으키는 건 '동기 부여'가 아니라 '내 안의 강아지'다

성공한 사람의 조언이 때로는 '힐링'이 된다는 사람도 있다. 저 사람 말대로만 하면 나도 언젠가는 저 자리에 갈 수 있겠지, 하는 마음이 들기 때문이란다. 동기 부여가 '희망 회로'의 연료가 되는 것이다.

나도 의지가 박약한 편이라 동기 부여 동영상을 종종 본다. 볼 때는 마음이 뜨거워지고 온몸에 에너지가 돈다. 그런데 이런 투지는 몇 시간도 안 되어 사라진다. 스탠퍼드대학교 행동설계연구소장 BJ 포그Brian Jeffrey FOGG가 쓴 《습관의 디테일Tiny Habits》에서 절묘한 문장을 발견했다.

"우리는 동기가 큰일을 벌이도록 부추기다가 상황이 어려워지면 슬그머니 빠지기를 좋아한다는 사실을 이미 알고 있다."

이렇게 동기가 슬그머니 빠져나간 자리에 찾아오는 건 자괴감이다. '나의 의지력이란 왜 이리 종잇장처럼 가볍고 힘이 없을까' 하는 자기비판과 '세상에 나 같은 쓰레기는 없을 거야' 하는 자기 비하가 순차적으로 머릿속을 스쳐 지나간다.

이런 일이 반복되면 무슨 일이 벌어질까. 실패에 내성이 생긴다. 실패를 성공으로 이끈 경험은 회복탄력성의 기반이 되지만, 실패 경험만 연달아 이어지면 실패에 무감해지고 실패를 당연하게 여기며 개선 의지를 잃게 되는 학습된 무기력으로 이어지기 쉽다.

이런 면에서 동기 부여는 효과가 없는 정도가 아니라 때로는 해롭고 위험하기까지 하다. 동기 부여로 나를 일으키고 움직이게 할 수 없다면 무엇이 그 역할을 대신할 수 있을까.

중증 소아마비로 70년이 넘는 세월을 원통형 인공호흡장치에서 살아온 남성이 있었다. 과거형으로 말하는 이유는 폴 리처드 알렉산더Paul Richard Alexander라는 이름의 이 남성이 2024년 78세의 나이로 세상을 떠났기 때문이다. 그는 여섯 살 때 소아마비에 걸려 목 아래 전신을 움직이지 못하게 되었고, 폐 기능이 약해져 평생을 원통형의 인공호흡장치에 의존해 살아야 하는 운명에 처했다. 그러나 꾸준히 자가 호흡을 훈련해 짧은 외출이 가능해지면서 대학에 진학할 수 있었고, 법학을 공부해 변호사로 30년간 일했다.

그는 입에 연필을 물고 타이핑하는 방법으로 8년에 걸쳐 《개를 위한 3분: 철제 산소통 속 나의 삶Three Minutes for a Dog: My Life in an Iron Lung》이라는 자서전을 쓰기도 했다. '개를 위한 3분'이란 부모님이 어린 그에게 인공호흡장치 밖에서 3분간 자가 호흡을 하면 강아지를 선물하겠다고 약속한 데서 가져온 제목이다. 그는 강아지를 받겠다는 일념으로 자가 호흡 훈련을 시작했고, 결국 인공호흡장치 없이 하루 최대 6시간을 버틸 수 있게 되었다.

만일 부모님이 그에게 강아지 대신 다른 동기를 부여했다면 어땠을까. "네가 인공호흡장치 밖에서 단 몇 시간이나마 생활할 수 있어야 공부도 하고 취업도 할 수 있지 않겠니." "엄마 아빠가 언제까지 네 곁에 있어 줄 수는 없잖아." 이런 식이었다면? 어린 그가 10년, 20년 후의 미래를 위해 자가 호흡 훈련의 고통을 견뎌 낼 수 있었을까.

조직 내의 동기 부여도 이와 다를 바 없다. 임원들이 아무리 "우리 조직의 사활이 걸린 문제다, 이번에 진짜 열심히 잘해야 한다" 하며 동기를 부여해 봤자 직원들의 마음을 움직일 수는 없다. 그런데도 스타트업은 물론이고 대기업에서도 당위성을 동기로 삼으려는 일이 비일비재하게 일어난다.

개인이 변화를 꾀할 때도 마찬가지다. 체중 감량이든 영어 공부든 AI 활용이든 무조건 잘, 열심히 해야 한다는 동기 부여에만 의존해서는 실패에 대한 내성만 강해진다. 동기 부여가 아니라 원칙이 작동하는 시스템을 만들어야 한다.

분석심리학의 창시자 카를 융Carl Gustav Jung은 "무의식을 의식화하기 전까지는, 당신의 삶은 무의식에 이끌려 다닐 것이고, 당신은 그것을 그저 운명이라 받아들이게 될 것이다"라고 했다. 동기 부여는 무의식의 영역에서 감정에 기반해 작동한다. 반면 원칙은 우리가 의식적으로 세운 기준이다. 거듭되는 실패를 그저 내 운명이나 팔자로 받아들이지 말고, 목표를 이루기 위한 명확한 원칙과 구체적인 실행 방법을 고민해야 한다.

어떤 원칙을 어떻게 세워야 할까. 어린 폴 리처드 알렉산더를 3분간 자가 호흡하도록 만든 강아지, 바로 그것을 내 안에서 찾으면 된다. 누구에게나 갖고 싶은 강아지 한 마리는 있게 마련이다.

필요한 건 오직 하나, 선명하고 쉬운 원칙

구글에 퇴사 의사를 밝힌 뒤 한 달간 인수인계 업무를 할 때의 일이다. 동료들이 배려해 준 덕분에 비교적 여유로운 한 달을 보낼 수 있었는데, 문제는 여유가 너무 지나쳤다는 것이다. 오전 4시 56분 기상에 익숙해져 있던 신체 리듬이 자꾸만 늘어지기 시작했다. 더는 안 되겠다 싶어 동기 부여 동영상을 찾아보기도 했지만, 효과는 겨우 이틀에 불과했다. 어떤 원칙을 세워야 일찍 일어날 수 있을까. 당위를 벗어나 내 안의 강아지를 찾아보았더니 답이 나왔다.

즉시 'meetat531'이라는 오픈 채팅방을 만들었다(지금은 사정이 있어 종료했으니 오픈 채팅방을 검색하는 수고는 하지 않길 바란다). 이름처럼 매일 아침 5시 31분에 일어나 기상 인증을 하는 방이다. 그 시간에 맞춰 '좋은 아침입니다', 일곱 글자만 남기면 된다.

강연에서 이 오픈 채팅방 이야기를 했더니 회원 수가 600명을 넘었다. 가끔 늦잠을 잔 날에는 채팅방에 남겨진 수백 개의 기상 인증 글을 보기가 참 부끄럽고 민망했다. 간혹 "조 대표님은 오늘 늦잠 주무시나요?"라고 콕 짚어 꼬집거나 "조 대표님, 사람이 어떻게 맨날 일찍 일어나겠어요"라고 슬그머니 옆구리를 찌르는 글이 올라오면 정신이 번쩍 들었다. 맞다, 이게 바로 내 안의 강아지다. 나는 매 순간 열심히 살려는 사람, 그 결과 압도적인 역량을 발휘하는 사람을 늘 가까이하고, 그 자장 안에서 에너지를 얻는 사람이다. 이 채팅방은 내게 그런 에너지를 주는 사람 수백 명이 모인 공간이다.

이렇게 열심히 사는 분들이 여럿 모이기도 쉬운 일이 아니니 이 채팅방을 더 적극적으로 활용해 보기로 했다. 깊이 생각해 볼 만한 문제가 있을 때 채팅방에 이를 공유하고 함께 풀어 보자고 제안했다. 한번은 이런 문제를 낸 적도 있다.

'9인승 이상 차량은 6인 이상 탑승하면 버스전용차로를 이용할 수 있는데, 간혹 틴팅이 너무 짙어 탑승 인원을 정확하게 파악하기 어려운 경우에는 차량 후륜부가 눌린 정도를 살핀다고 한다. 6인 미만으로 탑승하면 무게가 적게 나가 차량 후륜부가 덜 눌리기 때문이다. 그런데 일부 운전자가 골프 백이나 쌀가마니로 차량 무게를 늘려 이런 단속 방법을 빠져나가고 있다. 이런 얌체 행각을 어떤 방법으로 적발할 수 있을까?'

답이 딱히 정해져 있지 않은 이런 문제를 일주일에 한 번 채팅방에 공유하고, 여러 의견 가운데 가장 흥미롭고 독창적인 것을 하나 골라 선물로 기프티콘을 드렸다.

meetat531 채팅방은 현재 문을 닫았지만, 서로를 독려해 가며 기상 인증을 하고, 함께 머리를 맞대 다양한 의견을 나누던 참 고마운 공간이었다. 무엇보다 매일 아침 알람을 *끄고* 다시 잠들고, 또 *끄고* 다시 잠들고 하던 악순환에서 벗어나게 해 준 일등 공신이다.

이처럼 내 안의 강아지, 즉 자신이 무엇으로 움직이는 사람인지를 찾으면 원칙을 세우기가 수월해진다. 여기서 내가 말하는 원칙은 대단히 거창한, 인생 지침 같은 것이 아니다. 파란불이 켜지면 건너고, 빨간불이 켜지면 멈추는 신호등처럼 오히려 아주 간단한 것이다. 뇌에 큰 에너지를 요구하지 않고 내게 필요한 행위를 가장 효율적으로 실행할 수 있게 도와주는 신호 같은 거라고 이해하면 된다.

해외 협력사와의 비디오 콜을 위해 아침 일찍 깨어 있어야 한다면? 그런데 기상 알람은 도움이 안 된다면? 오픈 채팅방을 만들고, 매일 아침 5시 31분에 일어나 채팅방에 '좋은 아침입니다', 단 일곱 글자를 남기자는 원칙을 만든다. 그러면 다음부터는 내 마음을 다독일 필요도, 정신 무장을 새로 할 필요도 없어진다. 일어나고 인증하고, 일어나고 인증하면 된다.

원칙 하나를 잘 만들어 두면 수많은 변수에 일일이 대응할 필요가 없어진다. 넷플릭스에는 일의 추진력과 효율성을 떨어뜨리는 까다로운 절차나 규정이 없고, 단 한 줄의 원칙만 있다. '회사에 이익이 되는 방향으로 행동하라Act in Netflix's Best Interest.'

넷플릭스 CEO 리드 헤이스팅스Reed Hastings는 저서 《규칙 없음No Rules Rules》에서 이와 관련한 흥미로운 예를 제시한다. 넷플릭스 직원들은 출장길 비행기 표를 예매할 때도 비즈니스든 이코노미석이든 자유롭게 선택할 수 있다. 원칙은 단 하나, 회사에 이익이 되느냐 아니냐를 고려하라는 것이다. 이코노미석을 선택한다고 해서 무조건 회사에 이익이 되는 건 아니다. 만일 비행기에서 내리자마자 중요한 미팅에 참석해야 한다면 비즈니스 좌석을 선택해 좋은 컨디션 유지로 성과를 내는 게 오히려 회사에 이익이 되는 선택이다.

리드 헤이스팅스는 조직 내 능력 있는 직원의 밀도가 높으므로 이런 조직 문화가 가능하다고 설명했지만, 2022년에 조직 문화를 업데이트하면서는 일부에서 규칙과 통제를 적용하기로 방침을 바꾸었다. 하지만 넷플릭스가 기업 부흥기 초반에 이 단일 원칙으로 성공적인 조직 문화를 일구어 냈다는 점은 누구도 부인하지 못할 것이다.

일본을 대표하는 소설가 무라카미 하루키도 자신의 글쓰기 원칙이 오직 하나라고 말한다. 매일 3시간씩 책상에 앉아 글을 쓰기. 특히 장편을 작업할 때는 매일 200자 원고지 20매를 쓴다는 원칙을 지킨다. 원고가 잘 써지는 날에도 딱 20매만 채우고는 책상에서 일어선다. 그래야 내일도 20매를 쓸 체력이 유지되기 때문이다. 지난 30년간 지켜 온 이 단순한 원칙으로 그는 수십 권에 달하는 베스트셀러를 썼

고, 노벨상 시즌마다 문학상 수상자로 이름이 거론되는 작
가가 되었다. 단 하나의 단순한 원칙은 이처럼 수십 개의
동기 부여보다 더 힘이 세다.

다른 모든 선택의
확실한 기준이 될 나만의 원칙

벤처 캐피털의 비즈니스 모델은 소수의 큰 성공에 의존한다. 현실적으로 스타트업이나 벤처가 성공할 가능성이 크지 않다 보니 그 대부분은 실패하거나 투자금을 회수하는 수준의 평범한 성과를 낼 걸로 예상하고, 대박은 오로지 두세 개 회사에서만 기대한다. 즉 두세 개의 성공적인 투자가 벤처 캐피털 전체 포트폴리오의 성과를 좌우하는 것이다.

그러나 나는 두세 개 회사에서만 성공해서는 안 된다고 생각한다. 투자금은 하늘에서 뚝 떨어진 게 아니다. 누군가가 피땀 흘려 번 돈을 내가 또 피땀 흘려 유치한 것이다. 그래서 나는 스타트업 두세 개를 성공시키는 걸로는 만족할 수가 없다. 열 개 회사에 투자하면 열 개 회사 다 성공으로 이끌어야 한다. 언바운드랩의 투자 기준이 깐깐한 이유다. 우리는 조금이라도 모호한 면이 있으면 절대로 투자하지 않는다. 꼭 성공할 회사, 우리가 성공으로 이끌 확신이 드는 회사에만 투자한다.

자산운용사의 규모와 영향력을 가늠하게 하는 지표로 흔히 AUM Assets Under Management이 쓰인다. AUM이란 자산운용사나 금융기관이 투자자들로부터 위탁받아 운용하는 자산의 총액을 의미한다. 대형 자산운용사는 AUM이 수백조 원에 달하기도 하는데, 이렇게 AUM이 높으면 일반적으로 운용 효율성이 높다고 판단되어 시장 지배력 또한 커진다.

나는 AUM이 자산운용사의 실력을 가늠하는 올바른 잣대는 아니라고 본다. 현재 자산 총액이 4,000억 대인 운용사가 있다고 하자. 그런데 이 회사의 투자 현황을 들여다보니 성공 가능성이 거의 없는 회사에 투자했거나 투자하지 않고 그냥 자산을 보유만 하고 있다면? AUM은 높을지 몰라도 이 운영사가 전문성이 있다거나 올바로 나아가고 있다고 보긴 어려울 것이다.

내가 세운 원칙은 AUM이 아니라 펄스 레이트Pulse Rate를 높이자는 것이다. 펄스 레이트란 원래 1분간 심장이 박동하는 횟수를 뜻하는 말인데, 나는 이를 다음과 같이 정의한다.

$$\text{펄스 레이트} = 1 - \frac{\text{2년 동안 밸류에이션의 상향 변화가 없는 기업에 투자한 금액}}{\text{전체 투자 금액}}$$

즉, 펄스 레이트란 밸류에이션valuation이 상승하는 스타트업에 대한 투자 비중, 다시 말해 '맥박이 활발하게 뛰는 스타트업에 투자하는 비율'을 의미한다.

그런데 2년 이내에 기업 가치를 정확히 측정하기 어려울 때는 어떻게 해야 할까? 바로 이런 상황에서 신뢰도 높은 PE Private Equity / VC Venture Capital들과의 탄탄한 네트워크가 중요해진다. 이들 중 일부를 초청해 브리지 투자 미팅Bridge Investment Meeting(성장 단계 기업이 다음 라운드의 대규모 투자를 받기 전 임시로 자금을 조달받기 위한 미팅)이나 사업 현황 공유 세션을 진행하면 다른 투자사들이 바라보는 해당 피투자사의 가치를 자연스럽게 확인할 수 있어 공식적인 가치평가 없이도 충분히 중간 점검이 가능하다. 물론 이 과정에서 정보의 오남용 가능성은 있다. 그러나 직원들의 윤리의식은 이미 채용 단계에서 검증이 되었으리라 보고, 이후부터는 신뢰를 기반으로 운영되어야 한다. 또한 CEO가 전체를 조망

할 수 있는 상위 레벨의 네트워크를 보유하고 있다면 이러한 우려는 불필요하다.

AUM이 아닌 펄스 레이트를 높이자는 원칙의 핵심은 스프레이 앤 프레이Spray and Pray, 다수의 스타트업에 분산 투자해 소수의 큰 성공으로 전체 수익을 만회하고자 하는 투자는 하지 않겠다는 것이다. 또 정상적인 수익 창출이나 성장이 어려운 상태인데도 투자금이나 정부 지원금으로 간신히 생존을 이어 가는 소위 '좀비 스타트업'에는 단 한 푼도 투자하지 않겠다는 뜻이기도 하다. 무분별한 투자나 단순한 자금 지원만 하는 운용사가 아니라 우리 포트폴리오 내의 기업이 지속적이고 실질적으로 성장할 수 있게 돕는 최고의 파트너가 되겠다는 다짐이다.

워런 버핏의 유명한 투자 원칙이 있다.

'제1 원칙, 절대로 손실을 보지 말라. 제2원칙, 제1 원칙을 절대로 잊지 말라.'

버핏이라고 모든 투자에 성공한 것은 아니다. 2008년 금융 위기 때 그 역시도 막대한 개인 손실을 보았다. 손실 없는 투자가 있을 리 없는데, 버핏은 왜 이런 불가능한 원칙을 세웠을까. 이 원칙은 문자 그대로 손실을 보면 안 된다는 게 아니라 위험 관리에 최선을 다하고 신중한 투자를 하라는 뜻이다.

잘 만든 원칙이 강력한 힘을 발휘할 수 있는 이유는 명확해서 실천하기 쉽고, 다른 모든 선택의 기준이 되기 때문이다. 손실을 보지 말라는 원칙 하나가 워런 버핏을 투자의 모든 순간에 더 신중하도록 이끌었듯이 펄스 레이트 원칙은 나를 더 좋은 투자자이자 파트너가 되도록 이끈다. 갈팡질팡하거나 가야 할 바를 잃었을 때 북극성과 같은 지침이 되어 준다.

동기 부여나 당위성으로는 나 자신을 움직이게 할 수 없다. 복잡한 전략도 효과가 없다. 내 마음속에 선명하고 또렷한 신호등 같기도, 북극성 같기도 한 원칙 하나만을 새겨 두자. 그러면 나는 저절로 움직이게 되어 있다.

10

조직의 KPI 설정:
금메달이 목표라면
금메달리스트가 될 수 없다

이 장은 목표를 이상적으로 설정하는 방법을 다룬다. 먼저 목표와 결과를 혼동하면 안 된다는 메시지를 전한다. 스포츠 경기에서 금메달이 확실해 보이는 순간 자만하다 역전패하는 선수들의 사례를 들며, 금메달은 목표가 아닌 결과여야 한다고 강조한다. 이는 비즈니스에도 적용되는데, 엔비디아의 젠슨 황도 매출이나 영업 이익 같은 KPI는 결과일 뿐이며, 그보다는 미래 성공의 조기 지표인 EIOFS에 집중해야 한다고 말한 바 있다.

네트워킹도 마찬가지로, 그 자체를 목표로 삼지 말고 자신의 업무에서 최선을 다한 결과로 얻어지는 것으로 봐야 한다. 구글 재직 시절 저자가 외부 미팅 횟수라는 단순한 KPI를 후속 미팅 건수로 재정의하여 더 의미 있는 성과를 달성한 예도 보여 준다.

마지막으로 개인의 목표 설정에서도 이런 관점이 필요하다고 강조한다. 체중 감량이나 운동 같은 개인적 목표도 단순한 의지력이 아닌, 구체적인 경제적 가치나 시간으로 환산하여 재정의할 때 더 효과적으로 달성할 수 있다고 설명한다. 결국 모든 영역에서 진정한 목표는 결승선보다 2~3미터 더 멀리 보는 자세에서 시작된다는 것이 글의 요지다.

금메달은 목표가 아니라 결과다

/

2022년 항저우 아시안게임 롤러스케이트 스피드 남자 3,000미터 계주에서 마지막 바퀴를 돌 때까지도 선두를 지키던 우리 대표팀이 결승선 바로 앞에서 대만 대표팀에 역전당한 일이 있었다. 우리 팀 마지막 주자가 금메달을 예감하고 결승선 통과 직전에 두 팔을 번쩍 들어 올려 세리머니를 하는 사이 대만 선수가 왼발을 쭉 내밀어 결승선을 먼저 통과해 버린 것이다. 두 선수의 기록차는 겨우 0.001초였다.

2010년 세계롤러스피드스케이팅 선수권대회에서도 비슷한 일이 있었다. 콜롬비아 주니어 국가대표 선수가 결승선을 코앞에 두고 마치 금메달 시상식에라도 오른 듯 두 팔을 번쩍 들고 환호하다가 바로 뒤를 따르던 우리나라 선수에게 추월당해 금메달을 놓쳤다.

2015년 베이징 세계육상선수권대회 여자 1만 미터 결승
전에서는 미국의 몰리 허들 선수가 9,999미터 지점에서 승
리를 확신하고 속도를 늦췄다가 에밀리 인필드 선수에게
추월당해 동메달을 잃었다.

몇 년을 피땀 흘리며 치열하게 훈련했을 세계 최정상급
선수들이 왜 이런 어이없는 실수를 저지른 걸까. 금메달 또
는 메달권 입성만을 목표로 삼았기 때문이다. 금메달은 목
표가 아니라 결과다. 목표와 결과를 혼동했기 때문에 금메
달이 확실시되는 순간 자기도 모르게 속도를 늦추거나 때
이른 환호를 터뜨리게 된 것이다. 만일 이들이 금메달 자체
가 아닌 다른 목표를 가슴에 품었다면 어땠을까. 가령 결승
선 2~3미터 뒤에까지 최고 속도를 늦추지 않는다는 게 목
표였다면 어땠을까. 자기만의 목표를 달성해 가는 과정에
서 자연스레 금메달을 목에 걸게 되지 않았을까.

이는 스포츠 경기에만 해당하는 이야기가 아니다. 드
라마 〈나의 아저씨〉를 쓴 박해영 작가는 동명의 대본집에
서 잘 쓰려고 하면 영점 조준을 잘못한 거라고 말한다. 그
는 모든 인물이 돌아가며 주인공을 맡는 시트콤 작업을 오

래 해서인지 인물이 극중에서 자기 인생을 살아 내야 한다는 생각이 강하다고 밝히면서 대본을 잘 쓰는 것보다 대본 속 인물을 아끼고 사랑하는 게 더 중요하다고 강조한다. 나는 이 말을 작가가 인물을 사랑하고 소중히 여기기를 목표로 삼으면 그 부산물로 '잘 쓴 대본'이 따라온다고 이해했다. 시청률이 잘 나오는 대본, 예술적으로 완성도 높은 대본을 목표로 삼지 않고, 그저 극중 인물 하나하나를 실제 사람 대하듯 아끼고, 그 인물을 연기할 배우를 존중하는 마음으로 대본을 쓰다 보면 저절로 시청률도 잘 나오고 대본의 완성도도 높아지는 것이라고 말이다.

결승선이 목표인 사람 vs.
결승선에서 2~3미터 더 가려는 사람

내게 네트워킹을 잘하는 비결을 알려 달라는 사람이 있다. 솔직히 말해 나는 네트워킹을 목표로 무언가를 한 적이 단한 번도 없다. 네트워킹은 내가 일을 열심히 하는 과정에서 얻어진 자연스러운 부산물 또는 결과물일 뿐이지 나의 목표가 아니다.

미국에 가게 된 후배가 한국에서 쌓은 네트워킹을 잘 유지하면서 미국에서 새로운 네트워킹도 잘 만들려면 어떻게 해야 하냐고 묻기에 한국 네트워킹을 관리할 생각은 하지 말라고 조언한 적도 있다. 그런 고민할 시간에 미국에서 맡은 업무에 최선을 다하라고, 팀에서 최고가 되라고, 그러면 너를 인정하고 찾는 이가 많아져 자연히 공고한 네트워킹이 만들어질 테고, 그것이 한국의 네트워킹에까지 영향을 줄 거라고 말이다.

네트워킹이 목표가 아니라 결과라는 사실을 깨닫지 못하면 네트워킹만 쫓다가 자신의 핵심 역량을 놓치는 일이 생긴다. 그는 주변에 사람도 많고 술자리도 많고 단톡방 메시지가 늘 그득그득 쌓이는 유형이었는데, 정작 본인이 실직하고 새로운 일자리를 구할 때는 단 한 명에게서도 도움을 받지 못했다. 주변 사람들이 보기에 그는 네트워킹 말고는 아무런 핵심 역량도 없는 사람이라 선뜻 일자리를 주선하기가 어려웠던 것이다. 네트워킹이 목표가 아니라 결과라는 사실을 깨닫지 못하면 이렇게 네트워킹만 쫓다가 자신의 핵심 역량을 놓치는 일이 생긴다.

'그래도 사업하려면 역시 네트워킹이지!' '다 사람이 하는 일인데 네트워킹 잘 유지해서 나쁠 게 있나?'라고 생각할 수도 있다. 상대가 누구든 예의를 갖춰 진심으로 대하고, 도와줄 수 있는 일은 서로 도와 가며 일하는 걸 네트워킹이라고 한다면 전적으로 맞는 말이다. 하지만 인맥을 동원해 안 될 일을 되게 할 수 있다고 생각하면 오판이다. 어떤 분야든 최정상을 향해 갈수록 이런 방식은 통하지 않는다.

엔비디아의 젠슨 황이 스탠퍼드대학교 경영대학원 연사 대담 시리즈 'View from the Top'에 출연한 적이 있다. 이 자리에서 그는 KPIKey Performance Indicator, 핵심성과지표는 모호한 개념이라고 말하면서 혹자는 영업이익이 곧 KPI라고 하지만, 이는 결과이지 성과 지표가 아니라고 단언한다. 엔비디아는 좋은 지표인지 아닌지 판단하기 어려운 KPI 대신 EIOFSEarly indicator of future success, 즉 미래 성공의 조기 지표를 쓴다. 이는 기업이 현재 올바른 방향으로 나아가고 있다는 조기 신호, 즉 미래의 성공 가능성을 예측하는 지표다.

엔비디아는 EIOFS를 어떻게 적용하고 있을까? '지금 우리가 하는 이 일에 가치가 있는가?' '이것이 중요한 과학 분야를 발전시키는 데 기여하는가?' '우리가 아니면 풀기 어려운 문제인가?'를 질문하고, 현재의 시장 규모보다는 지속 가능성을 고려해 프로젝트의 가치를 평가한다. 한마디로 지금 중요한 문제를 해결하는 데 집중하고 있다면 기업이 올바른 방향으로 나아가고 있다고 봐도 좋다는 것이다.

이는 매출 증대라는 결승선만 보고 달리지 말고, 그보다 2~3미터 앞을 더 내다보며 달리자는 이야기다. 이상적이고 낭만적인 말 같지만, 매출이나 영업이익 증대는 결과일

뿐 목표가 될 수 없으며, 현재의 성과에 얽매이지 않고 미래를 위한 혁신적인 기술과 솔루션을 개발하는 데 집중해야 미래의 성공이 보장된다는 말은 반박할 수 없는 진리다.

"오랫동안 구글 입사를 꿈꿔 왔습니다" 하는 지원자에게 "그럼 구글에 입사하면 뭘 하고 싶은가?" 또는 "구글에서 딱 2년만 일할 수 있다면 어떤 부분에 집중하고 싶은가?" 라고 물으면 선뜻 대답하지 못하는 경우가 많다. 10킬로그램을 감량하겠다, 토익 점수를 10점 올리겠다, 구글에 입사하겠다… 내 수첩에 담긴 이런 문장들이 목표일까 아니면 결과일까 다시 한번 생각해 보자. 내가 하고자 하는 일이 가치가 있는가, 내 성장에 기여하는가를 기준으로 지금 가고 있는 방향이 옳은지 수시로 점검해 보자. 그래야 결승선 2~3미터 너머, 저 멀리까지 내다보고 달릴 수 있다.

KPI 재설정으로 만든 성과의 차이

구글에 근무할 때의 일이다. 한번은 외부 미팅이 많을수록 구글 솔루션이 발전하고 파트너십도 공고해져 매출에 긍정적인 영향이 생긴다는 지표가 나왔다. 이에 따라 모든 팀의 목표는 외부 미팅 횟수 늘리기로 바뀌었다. 그래서 어떤 일이 벌어졌을까. 어떻게든 미팅 횟수만 늘리면 된다는 생각에 굳이 안 만나도 될 사람까지 만나는 결과가 초래되었다. 팀원은 미팅하느라 바쁘고 팀장은 팀원이 미팅에 가지고 나갈 산출물의 퀄리티를 높이느라 바쁜데, 정작 손에 쥐는 성과물은 없는 이상한 상황이 계속되었다.

　잘못된 KPI가 모든 팀원을 엉뚱한 방향으로 몰고 갈 때 중간관리자는 어떻게 해야 할까. KPI를 재정의해야 한다.

당시 팀장이었던 나는 '외부 미팅 건수'라는 KPI를 '후속 미팅 건수'로 재정의하여 팀원들에게 전달했다. 단발성에 그친 미팅이 아니라 "다음에 꼭 다시 만나 이 논의를 더 발전시키기로 합시다"로 결론이 난 미팅만을 성과로 세겠다는 뜻이었다.

'외부 미팅 건수'를 결승선이라 한다면 '후속 미팅 건수'는 결승선을 지나 2~3미터를 더 달려야 달성할 수 있는 목표다. 후속 미팅이 성사되려면 파트너사가 평소 무엇을 고민하는지 파악하고, 그 해결책을 제시할 수 있어야 한다. 프로젝트를 더 깊이 연구해야만 가능한 일이다. 이렇게 해서 후속 미팅이 성사되면 그때엔 의사결정 권한이 더 큰 직원끼리 만나게 된다. 프로젝트가 실제로 진행되어 매출로 이어질 가능성이 커진다는 뜻이다.

KPI는 목표에 어떻게 도달할 것인가를 가시적으로 보여주는 전략 실행 시스템의 핵심이다. 하지만 젠슨 황이 간파했듯 모호한 KPI는 때로 조직을 엉뚱한 목표로 안내하기도 한다. KPI는 고정불변의 지표가 아니다. 필요하다면 상황 변화에 맞춰 영리하고 유연하게 재정의해야만 한다.

구글에서는 매년 구글가이스트Googlegeist라는 직원 설문조사를 시행한다. 회사의 방향이나 사업 결정에 직원들이 직접 참여하도록 유도하고, 회사 내 다양한 이슈에 직원들의 의견을 반영하기 위해서다. 약 100개의 문항에 익명으로 답을 하는 형식으로 조사가 진행되며 그 결과는 한 달 내에 전사에 공개된다. 그런데 얼마 전, 구글의 혁신적인 기업 문화의 상징인 이 설문조사가 최신성 편향recency bias에 의해 그릇된 결과를 도출할 수도 있단 우려가 나왔다. 최신성 편향이란 사람들이 최근의 사건이나 정보를 과대평가하고, 과거의 사건이나 장기적인 데이터는 상대적으로 덜 중요하게 여기는 인지 편향이다. 가령 '나의 관리자는 마이크로 매니징을 하지 않는다'라는 평가 항목이 있다고 하자. 만일 상급자가 지난 10개월 동안은 마이크로 매니징을 하다가 최근 2개월간은 그러지 않았다면(아마도 구글가이스트를 염두에 두고) 최신성 편향에 따라 이 항목에 "예"로 답할 가능성이 커진다.

그래서 구글이 어떤 해결책을 고안했을까. 연간 실시되던 구글가이스트를 2023년부터 주간 피드백 시스템으로 전환했다. 기존에는 매년 100개 문항에 한꺼번에 답해야 했지만, 지금은 매주 화요일 두 개의 질문에만 답하면 된다.

설문 결과는 매년 12월 종합 보고서 형식으로 발표한다. 이렇게 함으로써 구글은 최신성 편향의 우려에서 벗어나 더 정확한 설문조사 결과를 얻게 되었을 뿐 아니라, 내부의 피드백을 더 빠르게 수집하고 시의적절하게 대응할 수 있게 되었다.

이 사례에서 우리는 변화를 끌어내려면 어떤 방식으로 KPI를 설정해야 하는지 엿볼 수 있다. "최신성 편향을 주의합시다"라는 캠페인 하나로 설문조사의 신뢰성 문제를 해결하고자 하는 회사도 분명히 있을 것이다. 하지만 구글은 효과를 믿을 수 없는 캠페인 대신 아예 설문조사 방식을 완전히 바꾸어 버리는 선택을 했다.

목표를 영리하게 설정하고 정확하게 실행하는 조직을 당해 낼 수는 없다. 우리 조직의 KPI가 뭉툭하고 불분명해 직원들을 엉뚱한 방향으로 안내하고 있진 않은지 늘 점검하자. 만일 그렇다면 더 선명하고 구체적으로, 진행 상황을 측정할 수 있게끔 KPI를 재정의할 수 있어야 한다. 당연한 이야기 같지만, 의외로 많은 회사가 이 당연한 걸 지키지 못해 결승선 바로 앞에서 고꾸라진다.

목표의 재정의:
당신의 의지력은 얼마입니까?

목표를 영리하게 설정할 방법을 끊임없이 고민해야 하는 건 조직만은 아니다. '저속 노화'라는 신조어를 유행시킨 서울아산병원 노년내과 정희원 교수는 그가 쓴 책《당신도 느리게 나이 들 수 있습니다》에서 운동을 제대로 배우는 건 매우 수익률이 높은 투자라면서 그 수익률을 구체적으로 계산해 보여 준다.

노년기에 접어들면 자연스럽게 근육량이 감소하는데, 남자는 근육 15킬로그램, 여자는 근육 10킬로그램을 잃으면 여생을 누워서 보내야 한다. 건강보험공단 자료에 따르면 65세 이상이 사망 전 요양원이나 요양병원에서 기거하는 기간은 2년이다. 이로 인한 경제적 부담이 6,000만 원이라 하면 근육량 1킬로그램 감소는 곧 400~600만 원의 경제 손실에 해당한다. 여기에 삶의 질 저하에 따른 개인 손실, 기대 생존 기간을 늘리기 위한 의학 처치 비용이 1억 원이 넘으므로 최종적으로 근육량 1킬로그램의 가치는 2022년 물가 기준으로 1,400~1,600만 원이라는 계산이 나온다.

정희원 교수가 한 유튜브에 출연해 밝힌 바에 따르면 저속 노화 방법을 아무리 소개해도 돌아오는 반응은 "당신이나 많이 해라" "재미없게 오래 살면 뭐 하냐, 나는 재미있고 짧게 살겠다"가 많았다고 한다. 그래서 생각한 방법이 근육량의 가치를 경제적 가치로 환산해 보여 주는 것이었다. "오래 살고 싶으면 일주일에 중강도 운동을 2시간 30분 해라"라는 말과 "근육 1킬로그램이 소실되면 1,600만 원을 날리는 셈이다"라는 말은 확실히 마음에 와닿는 정도가 다르다.

만일 어떤 이유로 체중을 1킬로그램 감량해야 한다고 하자. 그런데 하필 배달 앱에서 치킨 1+1 쿠폰을 주었다면? 동기든 의지든 흔적도 없이 사라져 버리기 일쑤다. 이 쿠폰으로 치킨 두 마리를 주문해 먹으면 살이 찔 게 뻔한데도 '이거 먹고 내일 좀 덜 먹으면 되지'라는 마음에 그냥 유혹에 넘어가 버리고 만다.

그렇다면 우리도 정희원 교수처럼 치킨 한 마리의 유혹에 무너졌을 때 생길 손실을 경제 가치로 환산해 보자. 클로드 3.5 소넷에 이 작업을 요청했더니, 1킬로그램 감량 시 생길 수 있는 의료비 절감 효과 210만 원, 외모와 체형이 경력에 미치는 영향 및 연봉 상승의 기회 증가 효과 200만 원, 삶의 질 관련한 가치 150만 원을 놓친 셈이라는 결과가 나왔다. 여기에 치킨을 먹음으로써 무위로 돌아간 운동 비용 100만 원, 식단 관리 및 영양제 구매 비용 150만 원을 손해로 계산해 합산하면 연간 810만 원의 경제 손실을 보게 된다는 것이다. 클로드의 계산이 맞는다면 2만 원짜리 치킨한 마리 공짜로 먹겠다고 810만 원을 날린 셈이다.

경제 가치가 아니라 운동량으로 환산하는 방법도 있다. 배달 앱 할인 쿠폰으로 치킨 두 마리를 사서 그중 한 마리를 먹었다면 얼마나 운동해야 열량을 모두 소모할 수 있을까. 역시 클로드 3.5 소넷의 도움을 받아 계산해 보았다. 클로드에 따르면 걷기는 약 4시간 20분, 조깅은 2시간 10분, 수영은 1시간 50분, 자전거는 2시간 30분, 줄넘기는 1시간 40분을 해야 치킨 한 마리의 열량을 모두 태울 수 있다. 차라리 안 먹고 만다는 생각이 절로 드는 엄청난 운동량이다.

이런 식으로 나의 목표를 향후 취하게 될 이득으로 환산해 재정의하면 일상을 바꾸는 데 매우 큰 도움이 된다. 가령 SNS 사용 시간을 줄이기로 결심했다면 하루 30분씩 줄여 연간 182시간을 확보하고, 이를 자격증 취득에 투자해 연봉 10퍼센트 인상을 이뤄 낸다는 방식으로 접근할 수 있다. 이럴 때 'SNS 사용 시간 줄이기'라는 목표는 '연봉 10퍼센트 인상'으로 재정의된다. 금연을 결심했다면? 단순히 의지만 불태울 게 아니라 금연 시 기대되는 경제 효과를 AI에 물어보자. 클로드에 따르면 40년간 금연하면 총 2억 원의 경제 효과를 기대할 수 있다고 한다. 이를 일일 금액으로 환산하면 1만 3,699원이다. 그러면 '금연'이라는 목표는 곧 '하루에 1만 3,699원 적립'으로 재정의되는 것이다.

나는 유튜브 재생 목록 관리에도 이런 방법을 쓴다. 테크놀로지, 비즈니스, 아이디어 등 세 가지 카테고리를 설정하되 이름을 각각 '와우 테크놀로지', '와우 비즈니스', '와우 아이디어'로 지었다. 정말로 "와우!" 하는 감탄사가 나오는 콘텐츠만 담기 위해서다. 이렇게 카테고리를 재정의해야만 '언젠간 보겠지' 하는 마음에 아무 자료나 마구 집어

넣어 재생 목록이 쓰레기통이 되는 일을 막을 수 있다. 참고로, 각 카테고리에는 딱 다섯 개의 영상만을 엄선해 담아 둔다. 새로운 영상을 추가하고 싶으면 기존 영상에서 가장 가치가 낮은 것을 제외해야 한다. 가장 독창적이고 가치 있는 콘텐츠만을 큐레이션하는 나만의 방법이다.

똑같은 목표라도 이를 얼마나 영리하게 세팅하느냐에 따라 그 효과가 달라진다. 의지력에 호소하는 방법은 잘 알다시피 효과가 없다. 2~3미터 더 멀리 보는 목표를 세우되 이를 나만의 관점으로 재정의해 자신에게 각인시켜야 매 순간이 달라지고 일상이 달라지고 미래가 달라진다.

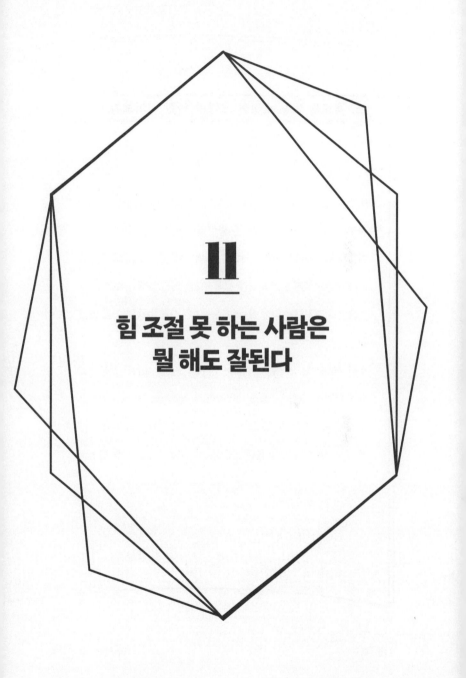

II

힘 조절 못 하는 사람은
뭘 해도 잘된다

이 장은 힘 조절을 하지 않는 태도가 성공의 핵심이라고 말한다. 사소한 일이든 중요한 일이든 항상 최선을 다하는 것이 뛰어난 성과자들의 공통점이라는 것이다. 새벽네시 공동대표들이 건물의 쓰레기 무단투기 문제 해결에 적극적으로 나선 사례나, 고척 스카이돔에서도 최선을 다한 오타니 쇼헤이의 사례를 통해 이를 설명한다.

또한 저자는 늘 타인을 존중하는 멘토의 모습과 초밥을 손등으로 휙 밀어내는 사람의 모습을 대비하며, 일상에서도 힘 조절 없는 일관된 태도가 중요하다고 강조한다. 면접에서도 하루 동안 함께 일해 보는 원데이 인턴을 통해 진정성을 파악할 수 있다고 말한다.

주중에 하는 본업에서는 힘을 쭉 빼고, 주말에 하는 개인 프로젝트에만 열중하는 것은 좋지 않다고 지적한다. 뇌는 열정 모드를 껐다 켰다 하는 것을 좋아하지 않기 때문에 모든 순간을 중요하게 여기지 않으면 잠재적 기회를 놓칠 수 있다고 경고한다.

마지막으로 80대에도 현역으로 활동하는 정영선 조경가의 사례를 들며 '에너지는 쓰는 대로 나온다'라는 그의 통찰을 전한다. 힘 조절 없이 매 순간 최선을 다하는 태도가 장기적인 성공으로 이어진다는 게 이 장이 전하고자 하는 핵심 메시지다.

힘 조절하지 않고
최고 역량을 발휘하는 태도

언바운드랩이 스타트업 지원을 위해 논현동에 확보한 건물이 하나 있다. 그 건물 모든 층에 스타트업이 입주해 있다. 하루는 1층에 입주한 CEO가 문자를 보내왔다.

"우리 건물 뒤쪽에 누군가가 쓰레기를 무단으로 버리고 있습니다."

문자에는 증거 사진이 첨부되어 있었다.

이 일을 어떻게 처리해야 하나 고민하고 있는데 이번에는 2층 CEO한테서 같은 건으로 문자가 왔다. "알아보니 이런 경우 세입자는 신고할 수 없고, 건물주가 직접 해야 한다고 합니다. 구청 관련 부서 전화번호는 다음과 같습니다."

거의 동시에 3층 CEO도 문자를 보내왔다.

"구청에 전화해 봤더니 건물주가 신고해야 한다길래 그냥 저희가 건물주라 하고 신고했습니다."

미국 출장을 다녀오니 2주가 지났다. 쓰레기 무단투기는 여전하고 강남구청에서는 소식이 없는 와중에 3층 CEO가 또다시 문자를 보내왔다.

"사설업체의 도움을 받는 방법이 있다고 해서 저희가 믿을 만한 업체를 물색해 놓았습니다. 계약하려면 건물주 주민등록번호가 필요하다고 합니다. 주민등록번호 알려주시면 저희가 계약 진행하겠습니다."

자, 공교롭게도 건물주는 스타트업을 투자 지원하고 육성하는 캐피털 펀드 대표다. 당신이 그라면 몇 층 CEO에게 투자하겠는가?

3층에 입주한 회사가 바로 마케팅 업계에서 일 잘하기로 소문난 김경은, 이은솔 두 사람이 창업한 디지털 마케팅 플랫폼 새벽네시다. 여기까지만 들으면 이 두 공동대표는 하는 일도 없이 쓰레기 투기범이나 색출하고 다니나 싶겠지만, 실은 그렇지 않다. 새벽네시는 설립 1년 만에 목표 매출을 초과 달성하고 영업이익도 정상궤도에 오른 흔치 않은 스타트업이자, 깐깐한 심사 기준을 통과해 언바운드랩의 포트폴리오에 이름을 올린 회사다. 당연히 두 공동대표는 밥 먹을 시간도 아까워할 만큼 바쁜 사람들이다.

그런데 왜 자기네 일도 아닌 쓰레기 투기범 색출에 이렇게까지 열성을 보이는 걸까. 힘 조절이 안 되기 때문이다. 자기의 몸과 마음이 늘 '최선', '최고'의 상태에 있도록 세팅해 놓고 사는 사람은 '이 일은 사소하니 대강 하고 넘기자' '이 일은 중요하니 목숨 걸고 하자' 하는 구별이 애초에 불가능하다. 그러니 쓰레기 투기 사건에 대처할 때도 '신경에 거슬리지만, 건물주가 알아서 하겠지'가 아니라 '어떻게 하면 이 문제를 가장 효율적으로 해결할 수 있을까' 하는 마음이 앞선 것이다.

지금까지 내가 만난 다양한 분야의 고성과자들에게서 나타나는 공통점 하나가 바로 이것이다. 힘 조절을 하지 않고 매 순간 자신의 최고 역량을 발휘하려는 마음가짐. 참 피곤하게 산다 싶은 생각이 들 만큼 사소한 일에도 최선을 다하는 태도.

LA 다저스의 오타니 쇼헤이가 MLB 월드투어 서울시리즈 경기에서 고척 스카이돔 타석에 섰을 때 친한 지인들과 그 현장에 있었다. 처음에는 오타니의 경기를 직접 관람한 다는 사실에 마냥 들뜬 분위기였다. 그러나 다들 금세 숙연 해졌다. 천하의 오타니가 고척에서 저렇게까지 열심히 방 망이를 휘두르고 무릎이 까지도록 온 힘을 다해 슬라이딩 하는 광경을 보며 할말을 잃은 것이다.

"나도 오타니만큼 연봉 받으면 저렇게 열심히 할 수 있 어!"

일행 하나가 웃으며 말했지만, 발언 당사자도 인과관계 가 잘못된 말이라는 걸 잘 알고 있었으리라. 고액 연봉을 받아서 열심히 한 게 아니라 엄청난 유전자에 최고 수준의 노력이 더해지니 자연스럽게 그에 걸맞은 보상이 따라온 것이다.

사람의 에너지에는 한계가 있는데 어떻게 매 순간 힘줘 가며 살 수 있느냐고 물을지도 모른다. 하지만 이런 태도도 일종의 근육이다. 쓰면 단련되고 안 쓰면 퇴화한다. "조직 에서 그런 식으로 일하면 나만 손해다"라고 말하는 사람도 있다. 단기적으로는 그럴 수 있을지도 모른다. 하지만 장기 적으로는 이렇게 일하는 태도가 역량 강화와 신뢰 구축의 토대가 되어 더 좋은 기회로 이어질 것이다. 언제 어느 때든 최고 역량을 발휘할 준비가 되어 있는 사람만이 결정적인 순간에 그 역량을 펼칠 수 있다는 사실을 그날 오타니를 보며 새삼 느꼈다.

슬쩍 힘을 뺀 순간,
누군가는 당신을 보고 있다

내가 마음속으로 멘토로 모실 만큼 존경하는 분이 있다. 현재의 네이버가 있기까지 가장 중요한 성장기에 대표로서 탁월한 리더십을 보여 준 분이자 현재는 한국신용데이터의 사외이사이신 김상헌 님이다. 한번은 명절 연휴에 얼굴을 뵙기로 했는데, 시기가 시기인 만큼 예약할 수 있는 음식점이 거의 없었다. 간신히 한 곳을 예약해 찾아갔더니 손님이 우리 둘뿐이었다. 주위를 가만히 둘러보던 그분은 그 집에서 가장 비싼 와인을 주문하며 말씀하셨다.

"우리를 위해 연휴 기간에 음식점 문을 열어 주었으니 이렇게라도 고마움을 표해야지."

순간 많은 생각이 들었다. 그 날짜 예약 창이 열려 있었다는 건 우리가 아니더라도 오픈할 예정이었다는 뜻 아니었을까. 하긴 우리가 예약하지 않았더라면 아예 문을 열지 않았을지도 모른다. 예약 테이블이 우리 하나뿐이었다면 예약 거부를 할 수도 있었을 텐데 그러지 않았으니 우릴 위해 음식점 문을 연 거라고 봐도 무방하겠다 싶었다. 이 논리에 따르면 그 음식점 대표는 명절에 오갈 데 없는 우리를 배려해 준 셈이다.

내가 그분을 멘토로 모시는 이유가 여기에 있다. 언제 어디서나 남의 시선이 있든 없든 한결같이 타인을 존중하고 감사해하는 태도가 몸에 배어 있다. 한마디로 남을 대하는 마음에 힘 조절이 없는 분이다. 이런 점에서 비슷한 면모가 있는 분이 MBK 김광일 부회장님이다. 듣기로는 지위고하 막론하고 만나는 누구한테나 90도로 허리를 숙여 인사하신다고 한다. 그저 좋은 사람 흉내만 내려는 이는 매 순간 이런 태도를 견지할 수 없다. 이는 모든 인간은 존중받아야 한다는 신념이 내면 깊이 자리 잡은 사람만이 보일 수 있는 경지일 것이다.

나는 이런 면에서 힘 조절을 하는 사람들을 꽤 많이 보았다. 자기에게 도움이 될 사람 앞에서는 깍듯하고 그렇지 않은 사람에게는 함부로 하는 유형이 생각보다 많다.

만일 당신이 투자자라면 또는 직원을 뽑는 면접관이라면 상대방이 일할 때나 사람을 대할 때나 힘 조절하는 사람인지 아닌지 어떻게 알아볼 수 있을까? 참 어려운 일이다. 구글에 있을 때 수백 명을 인터뷰하고, 투자 심사 자리에서 수많은 CEO를 만난 나도 45분 면접만으로는 그런 사람을 알아보지 못한다.

그래서 내가 고안한 방법이 원데이one-day 인턴이다. 최소한 하루 정도는 함께 일해 봐야 이 사람의 역량이 어느 정도인지, 힘 조절을 하는 사람인지 아닌지 다각도로 판단할 수 있다. 피면접자로서도 자기가 지원한 회사를 하루 동안 체험하고 판단할 기회가 주어지는 셈이니 나쁘지 않은 방법이다(당연히 하루치의 임금은 지급한다).

원데이 인턴의 좋은 점은 또 있다. 일뿐 아니라 밥도 같이 먹고 커피도 같이 마실 수 있다는 것이다. 식사나 차를 함께하면서 가볍게 잡담을 나눌 때가 일할 때보다 오히려 그 사람의 됨됨이가 더 잘 드러난다. 일부러 트집도 좀 잡아 본다. 상대방과 갈등 상황에 있을 때 어떻게 반응하고 대처하는지 알아보기 위해서다. 면접에서는 의사소통 잘하고 현명하며 원만하게 갈등을 조정하는 듯 답변하던 사람도 원데이 인턴을 하는 동안에는 180도 다른 모습을 보이기 일쑤다. 면접 자리에서만 힘을 잔뜩 주고, 일상에서는 힘을 빼는 사람이라면 원데이 인턴을 하면서 그 정체가 어느 정도 드러나게 마련이다.

힘 조절의 달인이 실패하는 이유

회사는 꼬박꼬박 월급 나오는 ATM기 정도로 여기고, 퇴근 후나 주말에 하는 개인 프로젝트에 온 열정을 쏟는다는 사람들이 있다. 그런데 투자 심사 자리에서 이들이 내놓는 결과물을 보면 대개가 매우 실망스러운 수준이다. 당사자는 이 프로젝트를 위해 월요일부터 금요일까지 에너지를 잘 비축했다가 주말에 다 쏟는다고 생각할지 모르지만, 사실은 힘을 주지 않는 습관이 몸에 완전히 배어 주말에도 제대로 힘을 쏟지 못하는 것이다.

부업이나 겸직, 개인 프로젝트를 해서는 안 된다는 말이 아니다. 구글은 이해 상충의 소지가 있거나 업무 성과를 해치는 일만 아니라면 겸업을 공식적으로 허용한다. 아니, 허용하는 정도가 아니라 한때는 '20퍼센트 룰'이라고 해서 업무 시간의 20퍼센트를 개인 프로젝트에 쓰라고 장려하기도 했다. 개인 프로젝트를 통해 직원의 역량이 성장하면 결국은 구글 본업에도 도움이 되기 때문이다.

개인 프로젝트를 한다고 해서 책임감이 없다거나 성실하지 않다거나 프로페셔널하지 못하다고 비난받을 이유는 없다. 단, 본업도 그만큼 열심히 해야 한다. 힘을 줄 때와 뺄 때를 가리기 시작하면 정작 힘을 줘야 하는 때에도 힘을 못 내기 때문이다. 워라밸도 없이 365일 24시간 일만 하라는 말이 아니다. 시간과 체력을 적절히 안배하되 그 기준이 더 중요한 일, 덜 중요한 일이어서는 안 된다는 뜻이다.

우리 몸은 한동안 힘 쭉 빼고 일하다가 간만에 힘 좀 써 보자, 한다고 해서 갑자기 힘을 쓸 수 있는 그런 시스템으로 만들어지지 않았다. 뇌는 소위 '열정 모드'를 껐다 켰다 하는 걸 달가워하지 않는다. 에어컨을 껐다 켰다 하는 것보다 계속 켜 두는 쪽이 에너지 효율 면에서 유리하듯 우리 뇌 역시 에너지 낭비를 줄이기 위해 열정 모드가 꺼져 있다면 계속 꺼진 상태로, 켜져 있으면 계속 켜진 상태로 유지하려 한다. 월요일부터 금요일까지 열정 모드를 꺼 두었다가 주말에만 반짝 켤 수 없는 이유다.

힘 조절이 오히려 비효율적인 이유가 또 있다. 주 5일 오전 9시부터 오후 6시까지를 '중요하지 않은 시간'으로 재정의하면 시간 낭비일 뿐 아니라 자기 잠재력을 스스로가 제한하는 셈이 된다. 이 일은 대충해도 된다고 판단하는 순간 그 안에 숨어 있을 잠재적 기회도 함께 날아간다. 회사에서 진행한 작은 프로젝트 하나가 개인 프로젝트의 아이디어로 이어질 수도 있고, 함께 일한 회사 동료가 훗날 중요한 비즈니스 파트너가 될 수도 있다. 지금 힘 쏟는 결과가 언제 어디서 어떻게 싹을 틔울지는 아무도 모른다. 모든 일에 성실하게 임하는 것만이 어디에나 존재하는 잠재력과 기회를 잡을 유일한 방법이다.

에너지는 쓰는 대로 나온다

tvN 〈유 퀴즈 온 더 블럭〉 정영선 조경가 편을 흥미롭게 시청했다. 그는 한국 제1세대 조경가로 자연과 도시의 조화를 추구하고, 생태 질서와 지속 가능성을 중시하는 조경 철학으로 유명하다. 예술의전당, 여의도 샛강 생태공원, 선유도 공원, 제주 오설록 티 하우스, 남양성모성지 등이 대표 작품이다. 2023년에는 한국인 최초로 조경가 최고 영예인 제프리 젤리코상 Sir Geoffrey Jellicoe Award 을 받기도 했다.

내가 이분에게 특히 감탄한 부분은 여든이 넘어서도 여전히 현역으로 활발한 활동을 이어 가고 있다는 점이다. 2022년에는 81세의 나이로 디올 성수 프로젝트를 작업했고, 최근에는 국립현대미술관 서울관에서 열린 '정영선: 이

땅에 숨 쉬는 모든 것을 위하여'라는 전시의 목적으로 미술관 야외공간에 작은 정원을 선보이기도 했다.

이렇게 지치지 않는 생산성의 비결을 정영선 조경가는 공부라고 밝힌다. 팔십 넘으니 총기가 왔다 갔다 해서 다 잊어버리기 일쑤지만 새로 공부할 수 있어 오히려 좋다고 한다. 이분이 팔십에만 이러셨을까. 아마 칠십에도, 육십에도, 오십에도 끊임없이 공부했을 테고, 구십에도 멈추지 않고 공부하며 성장할 것이다.

2022년 6월호 〈엘르〉에 실린 그의 인터뷰 기사도 인상적이었다. 그는 작업 중인 모든 현장을 매일 직접 찾아다닌다면서 이런 말을 한다. 에너지는 쓰는 대로 나온다고, 그래서 에너지를 많이 쓰는 훈련이 필요하다고.

힘 조절하면 안 된다는 내 주장을 정영선 조경가의 필터로 표현하면 이런 거겠구나 싶었다. 에너지는 쓰면 쓰는 대로 나온다는 그 생각이 여든 넘은 정영선 조경가가 쉼 없이 공부하고 성장하는 원동력이라는 사실을 알게 된 순간 묘한 안도감이 들었다. 힘 조절 안 하고 아니, 힘 조절 못 하고 매 순간 최선을 다해 질주하다 보면 언젠가 나도 저런 팔십을 맞을 수 있겠구나, 하는 생각이 들어서였다.

내가 선견지명이 있는 사람은 아니지만, 가끔 '저 사람은 뭘 해도 잘하고, 뭘 해도 잘되겠다' 싶은 사람이 있다. 다재다능하고 재주가 많은 사람이라서가 아니다. 에너지는 쓰면 쓸수록 나온다고 생각하는 사람, 힘 조절 따윈 모르는 사람한테서 그런 예감을 받는다. 그런 사람들과 좋은 기회를 나누고 중요한 일을 함께하고 싶은 건 나뿐만은 아닐 것이다. '성품이 곧 수호신'이라는 헤라클레이토스의 말은 이런 사람들에게 해당하는 통찰인 모양이다.

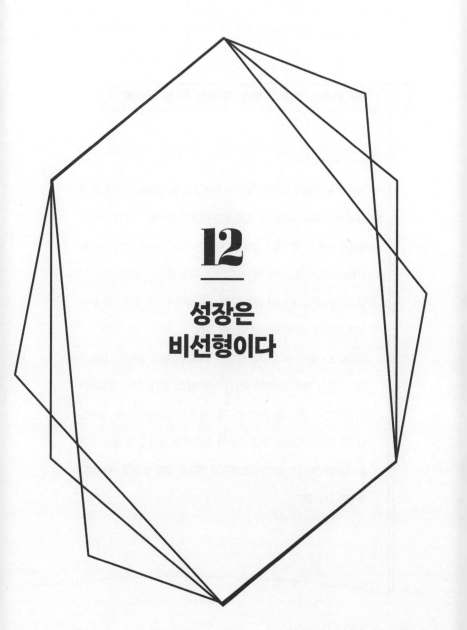

12

성장은
비선형이다

'성장은 비선형이다'라는 글은 성장의 고유한 성질을 삼각돛의 항해에 비유하며 시작한다. 삼각돛은 역풍이 불어도 각도를 조절해 앞으로 나아갈 수 있다. 프랑스 안무가 요안 부르주아의 '성공은 선형이 아니다'라는 퍼포먼스가 보여 주듯 성장은 실패하고 다시 일어서는 과정이다. AI 발전의 역사도 마찬가지로 침체기와 부흥기를 오가며 비선형적으로 발전해 왔다.

저자는 이 글이 AI 도구를 활용해 작성되었음을 밝힌다. 클로드 3.5 소넷과 퍼플렉시티를 이용해 삼각돛의 원리, 요안 부르주아의 퍼포먼스, AI 기술 발전 역사를 엮어 비선형적 성장을 설명했다. 이 과정에서 AI는 주요 내용을 작성하고 사실 관계 확인과 자료 조사를 했으며, 저자는 프로듀서 역할을 맡아 방향을 제시하고 수정을 요청했다.

저자는 이를 통해 AI가 일상에 깊이 관여하게 될 미래를 예측한다. 앞으로 1~2년이 언락 AI의 가치가 가장 인정받을 시기라고 보며, AI와의 협업을 통해 개인의 잠재력을 확장할 수 있다고 주장한다.

AI와의 협업이 처음엔 어려울 수 있지만, 점진적으로 발전할 것이라 기대하며 글을 마무리한다.

완벽한 조건과 지름길만 찾으면 성장은 없다

바다를 항해하는 배의 역사는 곧 인류의 도전과 혁신의 역사다. 특히 삼각돛의 발명은 항해의 패러다임을 완전히 바꾸어 놓았다. 돛의 역사는 기원전 3,500년경 이집트의 나일강에서 시작되었다. 초기의 돛은 단순한 사각형 모양이었고, 순풍이 불 때만 사용할 수 있었다. 수천 년 동안 인류는 이 한계에 갇혀 있었다.

그러다 7세기경 아랍의 항해사들이 삼각돛을 발명했다. 인도양의 계절풍을 극복하기 위해 고안된 이 혁신적인 돛으로 인류는 바람의 방향과 관계없이 언제든 항해할 수 있게 되었다. 사각돛을 단 배들이 순풍을 기다리며 항구에 묶여 있을 때, 삼각돛을 단 배들은 어떤 바람에도 대양을 건

널 수 있었다.

삼각돛의 원리는 놀랍도록 과학적이다. 유체의 속도가 빨라지면 압력이 낮아지고, 속도가 느려지면 압력이 높아진다는 '베르누이의 법칙'이 핵심이다. 돛의 한쪽은 볼록하고 다른 한쪽은 평평해서 재미있는 현상이 일어난다. 볼록한 쪽으로 흐르는 바람은 더 긴 거리를 이동해야 하므로 속도가 빨라지고 압력은 낮아진다. 반대로 평평한 쪽으로 흐르는 바람은 천천히 흘러 압력이 높아진다. 이런 압력 차이가 배를 앞으로 밀어내는 추진력이 되는 것이다.

더 놀라운 점은 이 추진력이 바람의 방향과 관계없이 발생한다는 점이다. 역풍이 불어도 돛의 각도를 조절하면 전진할 수 있다. 물론 일직선으로는 갈 수 없고, 왼쪽으로 비스듬히 가다가 오른쪽으로 비스듬히 가는 식으로 지그재그로 나아가야 한다. 시간은 더 걸리지만, 중요한 건 꾸준히 앞으로 나아가 결국엔 원하는 목적지에 도달할 수 있다는 점이다.

프랑스 안무가 요안 부르주아Yoann Bourgeois의 퍼포먼스 '성공은 선형이 아니다Success Isn't Linear'는 삼각돛을 이용한 항해를 연상시키는 작품이다. 한 남자가 계단을 오르려 하다가 이내 추락한다. 추락한 남자는 거대한 트램펄린에 의해 튕겨 올라 다시 계단에 착지하지만, 몇 계단 오르지 못해 이내 다시 추락한다. 언뜻 보면 실패의 연속처럼 보여도 자세히 들여다보면 매 시도에 조금씩 다른 점이 있다. 넘어지는 방식이 달라지고, 몸을 제어하는 능력이 조금씩 향상되며, 결국에는 목표지점에 도달한다. 관객들은 처음에는 웃음을 터뜨린다. 하지만 공연이 진행될수록 웃음은 감동으로 바뀐다. 삼각돛이 역풍을 추진력으로 바꾸어 내듯 남자는 낙하의 순간을 새로운 도약의 기회로 전환한다.

이 두 사례는 복잡하고 예측 불가능한 과정을 통해 궁극적인 목표에 도달하는, 비선형적인 인생의 여정을 상징적으로 나타낸다.

AI 발전의 역사 또한 비선형적 여정을 걸어왔다. 1956년 다트머스 회의에서 시작된 AI 연구는 'AI의 봄'이라 불리는 낙관적 시기와 'AI의 겨울'이라 불리는 침체기가 교차하면서 예측하기 어려운 경로를 따라 발전해 왔다.

1세대 AI는 규칙 기반 시스템으로, 체스나 수학 문제 해결에는 강했지만, 실제 세계의 복잡한 문제는 해결하지 못했다. 많은 이들이 AI의 실현 가능성에 의문을 품었고, 연구비도 끊겼다. 하지만 이러한 한계에 부딪힐 때마다 연구자들은 새로운 접근법을 모색했다.

뇌의 신경망에서 영감을 얻은 딥러닝은 이러한 우회로의 산물이었다. 처음에는 너무 많은 연산이 필요해 실용적이지 않다고 여겨졌지만, GPU의 발전과 빅데이터의 축적이 이 한계를 극복했다. 2012년 이미지넷 경진대회에서 딥러닝이 압도적인 성능을 보이면서, AI는 새로운 전기를 맞이했다. 지금의 챗GPT와 같은 대규모 언어 모델의 성공은 이러한 수많은 우회로가 만들어 낸 결과물이다.

많은 사람이 성공을 정상에 도달하는 일로 생각한다. 하지만 진정한 성공은 그 과정에서 일어나는 지속적인 학습과 적응에 있는지도 모른다. 삼각돛이 바람의 방향에 따라 끊임없이 각도를 조절하듯 우리도 환경의 변화에 따라 전략을 수정하고 새로운 방법을 시도한다.

부르주아의 퍼포먼스에서처럼 때로는 추락이 더 큰 도약을 위한 준비일 수 있다. 추락이 없다면 더 높이 올라가는 것도 불가능하다. 실리콘밸리의 격언 "fail fast, fail often(빨리 실패하고, 자주 실패하라)"도 같은 맥락이다. 빠르게 실패하고 그것을 통해 배우는 것이 실패를 두려워하여 한 걸음도 내딛지 못하는 것보다 낫다.

성공한 스타트업들의 역사를 보면 대부분 피봇pivot의 과정을 거쳤다. 슬랙Slack은 원래 게임 회사였고, X의 전신 트위터는 팟캐스트 플랫폼으로 시작했다. 이들은 모두 처음 계획했던 길에서 벗어나 새로운 기회를 발견하고 과감히 방향을 전환해 성공했다.

이런 관점에서 보면 성장의 모양은 선형이 아니라 복잡한 나선형에 가깝다. 언뜻 보기에는 같은 자리를 맴도는 것 같아도 실제로는 조금씩 올라가고 있다. 마치 삼각돛을 단 배가 지그재그로 항해하면서도 꾸준히 목적지를 향해 나아가는 것처럼 말이다.

우리는 종종 다른 사람의 성공을 보며 좌절한다. SNS에는 화려한 성공 신화가 넘쳐난다. 하지만 그것은 항해의 결과일 뿐 그 과정에서 겪었을 수많은 지그재그 항해는 보이지 않는다. 모든 성공한 사람들도 역풍과 싸우며 자신만의 항로를 개척했을 것이다.

순풍만을 기다리는 사각돛과 달리, 삼각돛은 어떤 바람이 불어도 결국 목적지를 향해 나아갈 수 있다. 우리의 성장도 마찬가지다. 완벽한 조건과 지름길만을 찾지 말고, 현재의 조건에서 최선의 방향을 찾아 꾸준히 나아가야 한다. 넘어지고 다시 일어나고, 또 넘어지고 다시 일어서더라도 그게 바로 성장의 모습일 것이다.

앞으로 2년,
Unlock AI의 황금기가 열린다

눈치챈 독자가 있을지 모르겠다. 앞의 글은 내가 쓴 게 아니다. 클로드 3.5 소넷과 퍼플렉시티perplexity를 함께 활용해 작성했다. 더 정확히 말하면 클로드는 메인 작가로서 주요 골자를 짜고 문장을 지었고, 퍼플렉시티는 보조 작가로서 사실 관계 확인과 자료 조사를 맡았다. 내가 한 일은 프로듀서 역할이었다.

이 책의 마지막을 '성장은 비선형'이라는 주제로 마무리하기로 하고, 요안 부르주아의 퍼포먼스·삼각돛의 지그재그 항해·AI 기술 발전의 역사 등 세 가지 소재를 엮어 클로드와 글을 써 보기로 했다.

먼저 클로드가 이 세 가지 소재에 대해 잘 알고 있는지를 확인한 다음 이렇게 요청했다.

"삼각돛은 순풍이 불지 않아도 지그재그로나마 앞으로 조금씩 나아가잖아. 이를 비선형 성공과 연결해 기술해 봐. 그리고 아까 네가 말한 요한 부르주아의 퍼포먼스, AI의 연구 과정도 함께 연결했으면 좋겠어. 이 글의 제목은 '성장은 비선형이다'야. 띄어쓰기 포함 4,000자 정도로 써줘."

클로드는 몇 초도 안 되어 쭉쭉 글을 뽑아내기 시작했다. 초고는 삼각돛의 원리를 너무 어렵게 설명해서 퇴짜를 맞았다. 베르누이의 원리를 넣어 개념을 더 명확하게 설명하되, 초등학생도 이해할 만큼 쉽게 써 달라고 다시 요청했다. 상냥한 클로드가 경어체로 글을 썼길래 이를 평어체로 바꿔 달라는 요구 사항도 덧붙였다.

이렇게 퇴고한 글은 내용은 마음에 들었지만, 원고량이 부족했다. 처음 요청한 대로 4,000자를 채워 달라고 했더니 위 세 가지 소재로는 역부족이었던지 다양한 분야의 비선형 성장 사례와 이에 대한 심리학적, 철학적 고찰을 넣겠다며 프레임워크를 짜서 보여 주었다. 조금 불길했지만 일단 그러라고 해 봤다. 그랬더니 성공한 스타트업의 역사, 1970년대 오일쇼크, 팬데믹 등을 거쳐 앤더스 에릭슨의 '의도적인 연습' 이론까지 거론하는 장황한 글이 완성되었다. 4,000자에 집착하지 않고 스타트업의 예시를 뺀 나머지를 다 삭제했다. 마지막으로 일부 내용을 퍼플렉시티에 따다 붙여 사실 관계 확인을 요청했다.

'성장은 비선형이다'라는 이 글은 이런 과정을 거쳐 완성되었다. 주제와 소재는 내가 제공했지만, 문장 하나하나는 클로드가 다 썼다. 결론이 너무 교훈적이라는 점이 걸리긴 해도 전반적으로는 만족스럽다.

구글이 제안한 마이크로 모멘트Micro-moments라는 마케팅 개념이 있다. 사람들이 무언가를 배우고 행동하고 발견하고 구매하려는 욕구가 강해지는 그 짧은 찰나의 순간을 잘 포착해 마케팅 전략을 짜야 한다는 이론이다. 이 주장의 기본 전제는 스마트 기기다. 사람들 손에 늘 들려 있는 스마트 기기가 알고 싶고, 가고 싶고, 하고 싶고, 사고 싶은 마이크로 모멘트를 만들어 낸다.

얼마 전부터 이 마이크로 모멘트에 AI가 끼어들기 시작했다. AI가 일터뿐 아니라 우리의 모든 일상에 영향을 미치고, 우리가 살아가고 생각하고 욕망하는 방식을 점차 변화시키고 있다. 내가 두 번째 책을 낼 때까지만 해도 챗GPT

는 세상에 없었다. 2년 반 후, 나의 세 번째 책 마지막 장 일부를 AI가 쓰게 될 줄은 당시엔 상상조차 하지 못했다.

우리 일상의 모든 순간을 AI와 함께하게 될 날이 곧 온다. 그때가 되면 무슨 일이든 AI와 협업하라는 말이 무색해질 것이다. AI로 숨을 쉰다고 해도 믿길 만큼 AI 기술이 친숙해질 것이기 때문이다.

어쩌면 앞으로 한두 해가 언락 AI의 가치를 가장 인정받을 시기일 것이다. 'AI가 다 하면 나는 뭐 하나'라는 질문을 'AI가 다 하니 함께 뭘 할까'라는 질문으로 재정의하면 AI와 나의 잠재력을 연결하는 문이 열린다. 재능이 없고 기회가 없고 여유가 없어도 AI가 있다. AI의 잠재력이 곧 나의 잠재력이 된다.

AI와의 협업이 처음부터 순탄하진 않겠지만 비선형을 그리며 조금씩 조금씩 앞으로 나아갈 거라 믿는다. 당신의 지그재그 항로에 부디 이 책이 요긴한 지도 한 장이 되길, 또는 대양을 향해 삼각돛을 떠미는 시원한 바람 한 줄기가 되길 바란다.

UNLOCK AI

잘 만든 원칙이 강력한 힘을 발휘할 수 있는 이유는 명확해서 실천하기 쉽고, 다른 모든 선택의 기준이 되기 때문이다. 손실을 보지 말라는 원칙 하나가 워런 버핏을 투자의 모든 순간에 더 신중하도록 이끌었듯이 펄스 레이트 원칙은 나를 더 좋은 투자자이자 파트너가 되도록 이끈다. 동기 부여나 당위성으로는 나 자신을 움직일 수 없다. 내 마음속에 선명하고 또렷한 북극성 같은 원칙 하나만을 새겨 두자. 그러면 나는 저절로 움직이게 되어 있다.

언락 AI
UNLOCK AI
AI 리터러시가 나의 잠재력이 되는 세상이 왔다

초판 1쇄 인쇄 2025년 3월 20일
초판 1쇄 발행 2025년 3월 31일
지은이 조용민
펴낸이 배민수 이진영
기획 · 편집 밀리&셀리
디자인 디자인현
마케팅 태리
펴낸곳 테라코타 **출판등록** 2023년 1월 13일 제2024-000080호
주소 서울시 용산구 원효로 128 e-테크벨리오피스텔 907호
메일 terracotta_book@naver.com
인스타그램 @terracotta_book

ⓒ 조용민, 2025
ISBN 979-11-93540-29-9 03190